بسم الله الرحمن الرحيم
Allahin, Armeliaimman, Armahtajan nimeen.

3. versio
Kustantaja: BoD – Books on Demand, Helsinki, Suomi
Valmistaja: BoD – Books on Demand, Norderstedt, Saksa

Laatuun ja toimitukseen liittyviä kysymyksiä: info@bod.fi
Sisältöön liittyviä neuvoja: info.islaminusko@gmail.com

Sisällys

Kirjailija

Tämä suomalainen muslimikirjailija opiskelee Jaami'ah al-Malik Saudin yliopistossa Saudi-Arabiassa. Sisko on opiskellut ennen tätä arabiaa ja islamin eri tieteitä Egyptissä, Marokossa, Mauritaniassa ja Gambiassa ja tällä hetkellä (3/2024) hän suorittaa islamin kandia kolmannella vuodellaan. Hän on toiminut vuosien varrella eri islamilaisten klassikoiden kääntäjänä sekä kirjailijana ja kouluttajana. Sisko seuraa puhdasta ja lähteisiin perustuvaa alkuperäistä profeetan ﷺ, seuralaisten ja varhaisajan muslimioppineiden ymmärrykseen perustuvaa islamia, eikä laske kulttuureja eikä niitä seuraavien ihmisten tapoja eikä tekoja osaksi uskontoa ilman uskonnollista todistetta.

Tämän lyhyen ja tiivistetyn oppaan on tarkoitus käsitellä selkeällä tavalla islamin tunnetuimmat perusasiat aloittelijalle.

Teos sopii myös muslimien ei-muslimiläheisille ja tutuille, joilla on mielenkiintoa ymmärtää muslimiläheisensä maailmankuvaa ja sitä, mikä ajaa häntä toimimaan uskonnollisten tapojensa mukaisesti. Oppaan lukemista siis rohkaistaan myös ei-muslimeille yleissivistävänä lukukokemuksena.

Yleisiä termejä

صلى الله عليه وسلم : (*Salla-Allaahu 'äläjhi wä sälläm*) Allahin rauha ja kehut olkoon hänen yllään. Tämä mainitaan aina profeetta Muhammadin ﷺ mainitsemisen yhteydessä.

رضي الله عنه : (*Radi-Allaahu 'änhu*) Allah olkoon tyytyväinen häneen (miehelle tai pojalle). Tämä mainitaan seuralaisten, eli yleisesti profeetan ﷺ tavanneiden muslimioppilaiden nimien mainitsemisen yhteydessä.

رضي الله عنها : (*Radi-Allaahu 'änhää*) Allah olkoon tyytyväinen häneen (naiselle tai tytölle). Tätä käytetään naispuolisiin seuralaisiin.

رحمه الله : (*Rahimähu-llaah*) Allah armahtakoon hänet. Tämä mainitaan yleensä, kun puhumme edesmenneistä oppineista. On myös sopivaa sanoa tämä liittyen kuolleeseen muslimiin. Toisaalta, ei ole väärin pyytää armahdusta elävälle ihmisellekään.

الحمد لله : (*Äl-hämduli-llääh*) Kaikki kiitokset ja ylistykset kuuluvat Jumalalle. Tämä sanotaan kiitollisuuden aikana. Toisaalta, arabiaksi sanominen ei ole pakollista.

ما شاء الله : (*Mää shää Allaah*) Mitä Jumala onkaan suonut! Tämä lausutaan esimerkiksi, kun henkilö näkee jotain upeaa.

سبحان الله : (*Subhään Allaah*) Ylistys Jumalalle - kaukana on Hän kaikista epätäydellisyyksistä. Tämäkin voidaan lausua esimerkiksi silloin, kun henkilö näkee jotain upeaa tai on ihmeissään.

إن شاء الله : (*In shää Allaah*) Jos Jumala suo. Tämä sanotaan, kun henkilö kertoo aikovansa tehdä jotain.

الله أكبر : (*Allaahu Akbar*) Jumala on Mahtavin/Suurin.

Allah (الله) : Ainoa palvomisen arvoinen Jumala. Jopa suomalaiset muslimit käyttävät enimmäkseen sanan "Jumala" sijasta sanaa "Allah", sillä käännös "Jumala" ei anna riittävää oikeutta arabiankielisen sanan merkitykselle, joka tarkoittaa ainoaa palvomisen arvoista Jumalaa. Islamin mukaisessa ymmärryksessä Jumala on palvomisen arvoinen Hänen nimiensä ja ominaisuuksiensa ansiosta, joita Hän on ilmoittanut itsestään Kirjassaan tai joista Hänen lähettiläänsä ﷺ on Hänestä autenttisesti ilmoittanut.

Allah sanoo:

ٱللَّهُ لَا إِلَٰهَ إِلَّا هُوَ ٱلْحَىُّ ٱلْقَيُّومُ

"Allaah (Jumala), ei ole muuta palvonnan arvoista kuin Hän - Elävä, kaikkeuden riippumaton Ylläpitäjä."
(2:255)

لَيْسَ كَمِثْلِهِ شَيْءٌ

"Ei ole mitään Hänen kaltaistaan".
(42:11)

قُلْ هُوَ ٱللَّهُ أَحَدٌ

"Sano: `Hän on Jumala, (ja Hän on) Yksi,

ٱللَّهُ ٱلصَّمَدُ

Täydellinen Jumala (jota kaikki olennot tarvitsevat).

لَمْ يَلِدْ وَلَمْ يُولَدْ

Hän ei ole synnyttänyt eikä Häntä olla synnytetty.

وَلَمْ يَكُن لَّهُۥ كُفُوًا أَحَدٌ

Ja ei ole ketään Hänen vertaistaan.'"
(112:1-4)

ذَٰلِكَ بِأَنَّ ٱللَّهَ هُوَ ٱلْحَقُّ وَأَنَّ مَا يَدْعُونَ مِن دُونِهِ هُوَ ٱلْبَٰطِلُ وَأَنَّ ٱللَّهَ هُوَ ٱلْعَلِىُّ ٱلْكَبِيرُ

"Tuo on siksi, että Allah on (ainoa) totuus (eli ainoa, joka ansaitsee palvontaa) ja kaikki, mitä kutsutaan (ja palvotaan) Hänen sijaansa (tai Hänen lisäksi) on harhaa (eli he eivät ansaitse palvontaa, eivätkä he voi haitata eivätkä hyödyttää kutsujaa). Ja totisesti Allah on Ylevin, Mahtavin."
(22:62)

8

السلام عليكم : (*Ässäläämu 'äläjkum wa rahmätu-llaahi wä barakäätuh*) Jumalan
ورحمة الله rauha, armo ja siunaukset olkoon yllänne. Tämä sanotaan toiselle
وبركاته muslimille tervehtimisen yhteydessä.

جزاك الله خيرا : (*Jäzääk-Allaahu khäjran*) Allah palkitkoon sinua hyvällä.

وإيّاك : (*Wä iyyääk*) Ja sinut.

بارك الله فيك : (*Bäärak Allaahu fiik*) Allah siunatkoon sinua.

وفيك : (*Wä fiik*) Ja sinua.

آمين : (*Äämiin*) Oi Allah, hyväksy pyyntömme.

اللهم بارك : (*Allahummä bäärik*) Oi Allah, siunaa! Tämä sanotaan, jos henkilö
näkee itsellään tai toisella jotain, mitä hän ihailee.

9

Mitä on islam?

Islam on arabiankielinen sana, joka tarkoittaa Jumalan tahtoon antautumista. Tätä uskontoa ci olla nimetty minkään profeetan eikä ryhmän mukaan, vaan sen sijaan Jumalan tahtoon antautumisen uskonnoksi. Islam-sana on siis merkityksensä lisäksi myös uskonnon nimi, joka on ainoa puhtaasti monoteistinen uskonto. Jumalan lisäksi ei palvota ketään eikä mitään muuta, edes profeettoja ja palvontatekojen tekeminen jollekin muulle kuin Jumalalle on täysin islamin vastaista. Muslimiksi taas kutsutaan henkilöä, joka antautuu Jumalan tahtoon, eli suorittaa islamia. *Muslim*-sana juurtuu samasta verbistä kuin *islam*-sana. *Islam* on nominatiivi, kun taas *muslim* on subjekti.

Islamissa uskotaan siihen, että jokainen profeetta (rauhaa heille) kutsui samaan monoteismin, eli islamin viestiin, vaikka lait saattoivat vaihtua ajasta toiseen. Kenenkään profeetoista ei uskota kutsuneen siihen, että heitä palvottaisiin.

Allah sanoi:

وَمَآ أَرْسَلْنَا مِن قَبْلِكَ مِن رَّسُولٍ إِلَّا نُوحِي إِلَيْهِ أَنَّهُ لَا إِلَٰهَ إِلَّا أَنَا۠ فَٱعْبُدُونِ

"Ja emme Me ole lähettäneet yhtäkään sanansaattajaa, jolle emme olisi ilmoittaneet: 'Ei ole muuta jumalaa kuin Minä, joten palvokaa Minua.'"
(21:25)

Ja Hän sanoi:

قُولُوٓا۟ آمَنَّا بِٱللَّهِ وَمَآ أُنزِلَ إِلَيْنَا وَمَآ أُنزِلَ إِلَىٰ إِبْرَٰهِيمَ وَإِسْمَٰعِيلَ وَإِسْحَٰقَ وَيَعْقُوبَ وَٱلْأَسْبَاطِ وَمَآ أُوتِيَ مُوسَىٰ وَعِيسَىٰ وَمَآ أُوتِيَ ٱلنَّبِيُّونَ مِن رَّبِّهِمْ لَا نُفَرِّقُ بَيْنَ أَحَدٍ مِّنْهُمْ وَنَحْنُ لَهُ مُسْلِمُونَ

"Sanokaa (uskovaiset): 'Me uskomme Allahiin ja siihen, mitä on lähetetty alas meille ja mitä on lähetetty alas Aabrahamille, Ismaelille, Iisakille, Jaakobille ja Jaakobin jälkeläisille ja siihen, mitä on annettu Moosekselle ja Jeesukselle ja siihen, mitä on annettu profeetoille heidän Valtiaaltaan. Me emme tee erotusta heidän välilleen ja me olemme Allahin tahtoon antautuneita (muslimeita)."
(2:136)

Profeetta Muhammadin ﷺ ero muihin profeettoihin on se, että hänet lähetettiin koko ihmiskunnalle viimeisenä profeettana viimeisen ilmoituksen ja kattavan Kaikkitietävän Jumalan ilmoittaman lain kanssa.

Profeetan ﷺ on raportoitu sanoneen autenttiseksi luokitellussa perimätiedossa:

وَكَانَ النَّبِيُّ يُبْعَثُ إِلَى قَوْمِهِ خَاصَّةً، وَبُعِثْتُ إِلَى النَّاسِ كَافَّةً

"Ja (muut) profeetat lähettiin erityisesti heidän omille kansoilleen, mutta minut on lähetetty koko ihmiskunnalle."

(*Sahih al-Bukhari* 438)

Jumala lähetti Koraanin säilyvänä ja kattavana lakina kumoamaan edelliset kirjoitukset

Koraanin uskotaan tulleen kumoamaan edellisten profeettojen kirjoituksien seuraamisen sen kattavalla ohjeistuksella, joka sisältää selityksen kaikkiin tarvittaviin asioihin tuomiopäivään saakka.

Allah sanoi:

وَنَزَّلْنَا عَلَيْكَ ٱلْكِتَـٰبَ تِبْيَـٰنًا لِّكُلِّ شَىْءٍ وَهُدًى وَرَحْمَةً وَبُشْرَىٰ لِلْمُسْلِمِينَ

"Ja Me lähetimme alas Kirjan (Koraanin) selityksenä kaikille asioille, johdatuksena, armona ja ilosanomana muslimeille (Jumalan tahtoon antautuville)." (16:89)

Ja Hän sanoi:

وَأَنزَلْنَآ إِلَيْكَ ٱلْكِتَـٰبَ بِٱلْحَقِّ مُصَدِّقًا لِّمَا بَيْنَ يَدَيْهِ مِنَ ٱلْكِتَـٰبِ وَمُهَيْمِنًا عَلَيْهِ

"Me lähetimme alas sinulle (Muhammad) Kirjan (Koraanin) totuudella, vahvistaen, mitä oli ennen sitä Hänen Kirjoissaan ja kumoamaan ne (luotettavana todistajana)." (5:48)

Muut kirjat lähetettiin tarkoituksella vain tietyille ajoille sekä kansoille, mutta niiden ei ollut tarkoitus säilyä loppuun saakka

Muiden kirjojen uskotaan olleen väliaikaisiin tarkoituksiin ja sopivia vain tietyille ajoille. Niiden ei uskota säilyneen alkuperäisessä muodossaan tähän päivään saakka, toisin kuin Koraani sen eri lukutapojen kanssa.

Allah sanoi:

لِكُلِّ أَجَلٍ كِتَابٌ

"Jokaisella ajalla on oma kirjansa."
(13:38)

Ja Hän sanoi:

إِنَّا نَحْنُ نَزَّلْنَا ٱلذِّكْرَ وَإِنَّا لَهُۥ لَحَٰفِظُونَ

*"Totisesti Me lähetimme alas tämän muistutuksen (eli Koraanin) ja totisesti **Me tulemme olemaan sen Suojelija**."*
(15:9)

Koraanin lisäksi Jumalan sanansaattajan ﷺ määräykset ovat lakia

Koraani ei ole ainoa teksti, jota muslimien tulisi seurata, vaan lisäksi profeetan ﷺ *sunnah* toimii lakina, jonka määräyksiä on seurattava. Nämä määräykset, suositukset ja kiellot on raportoitu perimätietoihin, joita kutsutaan *hadiitheiksi*.

Allah sanoi:

يَٰٓأَيُّهَا ٱلَّذِينَ ءَامَنُوٓاْ أَطِيعُواْ ٱللَّهَ وَأَطِيعُواْ ٱلرَّسُولَ

*"Oi te, jotka uskotte, totelkaa Jumalaa **ja totelkaa sanansaattajaa**."*
(4:59)

Ja Hän sanoi:

وَمَآ ءَاتَنكُمُ ٱلرَّسُولُ فَخُذُوهُ وَمَا نَهَنكُمْ عَنْهُ فَٱنتَهُواْ

"Ottakaa se, mitä ikinä sanansaattaja (Muhammad ﷺ) teille antaa ja pidättäytykää siitä, mitä ikinä sanansaattaja teiltä kieltää." (59:7)

Ja Hän sanoi:

قُلْ إِن كُنتُمْ تُحِبُّونَ ٱللَّهَ فَٱتَّبِعُونِى يُحْبِبْكُمُ ٱللَّهُ وَيَغْفِرْ لَكُمْ ذُنُوبَكُمْ ۗ وَٱللَّهُ غَفُورٌ رَّحِيمٌ

"Sano (Muhammad): 'Jos te rakastatte Allahia, seuratkaa minua (eli profeettaa ﷺ) - silloin Allah tulee rakastamaan teitä ja antamaan teille syntinne anteeksi. Allah on rajattoman Anteeksiantava, Armollinen." (3:31)

Ja Hän sanoi:

مَّن يُطِعِ ٱلرَّسُولَ فَقَدْ أَطَاعَ ٱللَّهَ

"Kuka ikinä tottelee sanansaattajaa on totellut Jumalaa." (4:80)

Ja Hän sanoi:

لَّقَدْ كَانَ لَكُمْ فِى رَسُولِ ٱللَّهِ أُسْوَةٌ حَسَنَةٌ

"Totisesti, Jumalan sanansaattajassa on teille erinomainen esimerkki."
(33:21)

Jokainen säädös on ihmiselle hyväksi

Vaikka sallittua on enemmän kuin kiellettyä, niin Kaikkitietävä Luoja on kieltänyt ihmisiltä tiettyjä asioita heidän parhaakseen. Jokaisen säännön takana on Luojan Viisaus ja Hänen sanansaattajansa ﷺ tuli kieltämään haitalliset asiat sekä sallimaan hyvät ja puhtaat asiat. Vaikka monen kiellon tai käskyn hyödyn huomaamme, niin kaikkia viisauksia ei ihminen aina oivalla.

Allah sanoi:

ٱلَّذِينَ يَتَّبِعُونَ ٱلرَّسُولَ ٱلنَّبِيَّ ٱلْأُمِّيَّ ٱلَّذِى يَجِدُونَهُۥ مَكْتُوبًا عِندَهُمْ فِى ٱلتَّوْرَىٰةِ وَٱلْإِنجِيلِ يَأْمُرُهُم بِٱلْمَعْرُوفِ وَيَنْهَىٰهُمْ عَنِ ٱلْمُنكَرِ وَيُحِلُّ لَهُمُ ٱلطَّيِّبَـٰتِ وَيُحَرِّمُ عَلَيْهِمُ ٱلْخَبَـٰٓئِثَ

"Nuo, jotka seuraavat sanansaattajaa - lukutaidotonta profeettaa, jonka (kuvauksen) he löytävät kirjoitettuna siitä, mitä heillä on Toorassa ja Evankeliumissa. **Hän (profeetta ﷺ) sallii heille sen, mikä on hyvää (ja puhdasta) ja kieltää heiltä sen, mikä on huonoa (ja likaista).**" (7:157)

Ja Hän sanoi:

إِنَّ رَبَّكَ عَلِيمٌ حَكِيمٌ

"Totisesti, Valtiaasi on Kaikkitietävä, Kaikkiviisas."
(12:6)

Ja Hän sanoi:

وَعَسَىٰٓ أَن تَكْرَهُواْ شَيْـًٔا وَهُوَ خَيْرٌ لَّكُمْ وَعَسَىٰٓ أَن تُحِبُّواْ شَيْـًٔا وَهُوَ شَرٌّ لَّكُمْ وَٱللَّهُ يَعْلَمُ وَأَنتُمْ لَا تَعْلَمُونَ

"Ja kenties inhoatte asiaa, joka on teille hyväksi ja kenties rakastatte asiaa, joka on teille huonoksi. Ja Allah tietää sillä aikaa, kun te ette tiedä." (2:216)

14

Elämän tarkoitus

Elämän tarkoitus on jotain, mitä jokainen henkilö varmasti pohtii jossain vaiheessa elämäänsä. Miten tämä kaikki on syntynyt? Miksi olemme täällä? Kuka on kaiken tämän mahtavan ja käsittämättömän harmonisen luomakunnan takana?

Luojan olemassaolo on selkeää, sillä mitään ei voi syntyä täydestä tyhjyydestä. Sen sijaan tämän maailman on luonut Ikuinen ja luomuksen ulkopuolella oleva Jumala, joka ei ole osa luomakuntaansa, eikä luomakuntansa kaltainen. Islamin mukainen usko Jumalaan ei ole tieteen vastaista, vaikka moni näin voisi ajatella. Tiede pyrkii selittämään miten asiat toimivat ja tapahtuvat tässä fyysisessä maailmassamme. Uskonto puolestaan selittää, miksi asiat ovat olemassa ja Kuka on kaiken takana. Kukaan ei voi väittää, että Jumalan olemassaolo olisi mahdotonta. Sen sijaan se on ainoa looginen selitys maailman syntymiselle, ja tätä tukee lukuisista uskonnosta löytyvät todisteet. Ovathan profeetat - rauhaa heille - kautta aikojen kutsuneet samaan islamin monoteismiin ihmisiä heidän todisteidensa kautta, johon kuuluu myös Koraani. Vaikka ihmiset muuttivat profeettojensa viestejä ajan myötä, niin löydämme saman pääviestin jokaisen profeetan alkuperäisistä opetuksista, vaikka teksteistä ei olekaan enää puhtaassa muodossaan jäljellä kuin Koraani. Tietenkin Koraanin ihmeet ja vahvistavat todisteet ovat oma pitkä aiheensa, jota käsitellään syvällisemmin.

Kuitenkin luomakunnan luomisessa on Jumalan suuri viisaus takana, eikä Hän ole paljastanut meille kaikesta kaikkea. Jopa enkeleiltä Jumala piti osan ihmisen luomisen syystä salassa. Enkeleitä oli olemassa jo ennen kuin ihminen luotiin. He kysyivät Jumalalta tästä uudesta luomuksesta ennen kuin Hän asetti ihmisen maan päälle asumaan. He kysyivät:

أَتَجْعَلُ فِيهَا مَن يُفْسِدُ فِيهَا وَيَسْفِكُ ٱلدِّمَآءَ

"Aiotko asettaa sinne (maan päälle) hänet, joka levittää korruptiota ja vuodattaa verta?" (2:30)

Allah vastasi enkeleille:

إِنِّى أَعْلَمُ مَا لَا تَعْلَمُونَ

"Totisesti, Minä tiedän jotain, mitä te ette tiedä." (2:30)

Enkelit ovat erilaisia luomuksia ihmisiin verrattuna, sillä he eivät kykene tekemään syntiä, kuten Jumala sanoi:

لَّا يَعْصُونَ ٱللَّهَ مَآ أَمَرَهُمْ وَيَفْعَلُونَ مَا يُؤْمَرُونَ

"- - Ne (eli enkelit) eivät suorita tottelemattomuutta käskyiltä, joita he saavat Jumalalta, mutta tekevät, mitä heitä on käsketty." (66:6)

Ja nyt, kun käytämme enkeli-sanaa, niin tähän väliin on tärkeää mainita siitä, että islamin mukainen käsitys enkeleistä ei ole sama kuin muiden uskontojen tai niiden seuraajien muodostamat piirrokset ja käsitykset niistä. Enkelit on luotu valosta, eikä meillä ole paljoa tietoa heidän tarkasta ulkonäöstään. Me emme siis kuvaile heitä ilman todisteita, joita meille on autenttisesti raportoitu, emmekä me usko piirrettyihin emmekä patsaista muotoiltuihin enkeleihin.

Profeetta ﷺ sanoi:

خُلِقَتِ الْمَلَائِكَةُ مِنْ نُورٍ وَخُلِقَ الْجَانُّ مِنْ مَارِجٍ مِنْ نَارٍ وَخُلِقَ آدَمُ مِمَّا وُصِفَ لَكُمْ

"Enkelit ovat luotu valosta ja jinnit (eli henkiolennot) luotiin tulen kipinästä ja Adam luotiin kuten hänet on määritelty (Koraanissa) teille (eli maa-aineksesta)."
(Sahih Muslim 2996)

Ja mitä tulee ihmisen luomisen viisauteen ja koko syyn ymmärtämiseen, meidän tulisi aina muistaa, että meille ei ole paljastettu kaikkea, mitä on Jumalan tiedossa.

Jumala tietää parhaiten kaikki viisaudet koskien syytämme olla täällä ja seuraavassa kappaleessa käsittelemme ihmisen ja Jumalan välistä liittoa, jonka teimme ennen maahan tulemista. Jumala on kuitenkin kertonut meille, että Hän loi kuoleman ja elämän testaakseen ketkä ovat parhaita teoissaan.

16

Hän sanoi:

ٱلَّذِى خَلَقَ ٱلْمَوْتَ وَٱلْحَيَوٰةَ لِيَبْلُوَكُمْ أَيُّكُمْ أَحْسَنُ عَمَلًا

"Hän, joka loi elämän ja kuoleman testaakseen ketkä teistä ovat parhaita (hurskaissa ja vilpittömissä) teoissa." (67:2)

Jokaiselle meistä on annettu vapaa tahto ja kyky päättää, mitä valintoja me teemme maan päällä. Jumala on antanut meille selkeät säädökset oikeasta ja väärästä, joiden perusteella meidän tulisi pyrkiä elämään elämäämme ja palvomaan Häntä. Hän sanoi:

وَمَا خَلَقْتُ الْجِنَّ وَالإِنسَ إِلَّا لِيَعْبُدُونِ

"Ja en luonut henkiolentoja ja ihmisiä paitsi, että he palvoisivat Minua." (51:56)

Islamilaisessa uskonopissa (eli *aqiidassa*) on myös ymmärrettävä se, että Jumalalla ei ole tarvetta tulla palvotuksi, vaan sen sijaan ihmisellä on tarve palvoa Jumalaa.

Profeetta ﷺ sanoi, että Allah kertoi riippumattomuudestaan:

يَا عِبَادِي إِنَّكُمْ لَنْ تَبْلُغُوا ضَرِّي فَتَضُرُّونِي وَلَنْ تَبْلُغُوا نَفْعِي فَتَنْفَعُونِي

"Oi Minun palvelijani, te ette kykene vahingoittamaan Minua, ettekä te pysty tekemään mitään hyödykseni.

يَا عِبَادِي لَوْ أَنَّ أَوَّلَكُمْ وَآخِرَكُمْ وَإِنْسَكُمْ وَجِنَّكُمْ كَانُوا عَلَى أَتْقَى قَلْبِ رَجُلٍ وَاحِدٍ مِنْكُمْ مَا زَادَ ذَلِكَ فِي مُلْكِي شَيْئًا

Oi Minun palvelijani, jos ensimmäinen teistä ja viimeinen teistä sekä ihmiset ja henkiolennot joukostanne olisivat kaikki yhtä hurskaita kuin hurskain sydän joukostanne, niin se ei lisäisi Minun valtakuntaani lainkaan.

يَا عِبَادِي لَوْ أَنَّ أَوَّلَكُمْ وَآخِرَكُمْ وَإِنْسَكُمْ وَجِنَّكُمْ كَانُوا عَلَى أَفْجَرِ قَلْبِ رَجُلٍ وَاحِدٍ مَا نَقَصَ ذَلِكَ مِنْ مُلْكِي شَيْئًا

Oi Minun palvelijani, jos ensimmäinen teistä ja viimeinen teistä sekä ihmiset ja henkiolennot joukostanne olisivat yhtä pahoja kuin pahin sydän joukostanne, niin se ei vähentäisi Minun valtakuntaani lainkaan."
(*Sahih Muslim* 2577)

Meillä on tarve palvoa Jumalaa, jotta meistä tulisi hurskaita, muistaisimme Jumalan olemassaolon ja liittomme Hänen kanssaan, pitäisimme itseämme oikealla tiellä ja kaukana korruptiosta. Jumala sanoi:

يَا أَيُّهَا النَّاسُ اعْبُدُوا رَبَّكُمُ الَّذِي خَلَقَكُمْ وَالَّذِينَ مِن قَبْلِكُمْ لَعَلَّكُمْ تَتَّقُونَ

"Oi ihmiset, palvokaa Valtiastanne, joka loi teidät ja nuo, jotka olivat ennen teitä, (palvokaa Häntä) jotta teistä tulisi tietoisia Jumalasta."
(2:21-22)

Ja vaikka rukoilu ei olekaan ainoa palvontateko, joka meille on määrätty, niin se on yksi tarpeellisimmista palvonnan muodoista. Se auttaa meitä pysymään oikealla tiellä, kuten Jumala sanoi:

إِنَّ ٱلصَّلَوٰةَ تَنْهَىٰ عَنِ ٱلْفَحْشَآءِ وَٱلْمُنكَرِ وَلَذِكْرُ ٱللَّهِ أَكْبَرُ وَٱللَّهُ يَعْلَمُ مَا تَصْنَعُونَ

"Totisesti rukous kieltää (eli suojelee ihmistä) moraalittomuudelta ja vääryydeltä. Ja Jumalan muistaminen on mahtavampaa. Ja Jumala tietää, mitä te teette."
(29:45)

Palvonnan rajaaminen pelkästään Jumalalle halujemme, omaisuutemme ja epäjumalien sijaan on jokaisen testi ja velvollisuus tässä maailmassa, jotta saavuttaisimme paratiisiin tämän hetkellisen maailman jälkeen.

Ihmiset saattavat eksyä palvomaan ei pelkästään patsaita, vaan jopa omia halujaan, egoaan, omaisuuttaan tai vaikkapa toisia ihmisiä. Palvominen ei tarkoita pelkkää maahan kumartumista ja epäjumalan kohteena voi olla mikä tahansa asia, jonka tyytyväisyyttä ihminen pyrkii saavuttamaan liiallisesti.

Ibn al-Qayyim sanoi:

مَعْنَى الطَّاغُوتِ: مَا تَجَاوَزَ بِهِ العَبْدُ حَدَّهُ مِن مَعبُودٍ، أَو مَتبُوعٍ، أَو مُطَاع

"Epäjumalan merkitys on se, mihin liittyen palvelija ylittää rajoja palvonnassa, seuraamisessa tai tottelemisessa."

(Al-Usuul at-thalaatha, sivu 7)

Totuuden kieltäminen on ihmisluonteen ylimielisyyttä ja sen seurauksena henkilö kieltää Jumalan oikeuksia kohdistaen niitä muulle tai muille kuin Jumalalle. Ihminen saattaa ottaa jopa omat halunsa epäjumalakseen, kuten Jumala sanoo:

أَرَءَيْتَ مَنِ ٱتَّخَذَ إِلَهَهُ هَوَنٰهُ

"Oletteko nähneet hänet, joka ottaa jumalakseen hänen halunsa?" (25:43)

Tämä johtaa moraalittomuuteen, luomakunnassa tapahtuvaan epäoikeudenmukaisuuteen, Jumalan oikeuksien kieltämiseen ja omien velvollisuuksien sekä todellisen vastuun hylkäämiseen. Tätä vastuuta kutsutaan islamissa *al-amaanaksi*, joka sisältää vapaan tahdon vastuun, jonka otimme jo ennen tähän maailmaan tulemista.

Ennen maahan tulemista teimme liiton Jumalan kanssa, että palvoisimme vain Häntä, emmekä me asettaisi vertaisia Hänen rinnalleen missään muodossa. Tähän liittoon kuuluu se, että mikäli teemme hyvää, saamme palkkiota ja mikäli teemme pahaa, saamme rangaistuksen siitä.

Jumalan ja ihmisten välinen liitto

Ennen kuin kukaan meistä syntyi tähän hetkelliseen maailmaan, meidän sielumme luotiin ja teimme liiton Jumalan kanssa, jonka aikana otimme vapaan tahdon vastuun. Koska ihminen on unohtavainen ja heikko, niin me unohdimme tämän liiton, mutta Jumala on armostaan lähettänyt meille sen ansiosta sanansaattajia ja profeettoja - rauhaa heille - muistuttamaan meitä ja varoittamaan meitä pahasta, jota moni meistä aiheuttaa itselleen. Allah sanoi:

إِنَّا عَرَضْنَا ٱلْأَمَانَةَ عَلَى ٱلسَّمَوَٰتِ وَٱلْأَرْضِ وَٱلْجِبَالِ فَأَبَيْنَ أَن يَحْمِلْنَهَا وَأَشْفَقْنَ مِنْهَا وَحَمَلَهَا ٱلْإِنسَٰنُ إِنَّهُ كَانَ ظَلُومًا جَهُولًا

"Totisesti, Me tarjosimme vastuuta (al-amaanah) taivaille, maalle ja vuorille ja ne kieltäytyivät ja pelkäsivät sen kantamista, mutta ihminen otti sen. Totisesti, hän oli epäoikeudenmukainen ja välinpitämätön (sen seurauksista)." (33:72)

Tämän jakeen selityksestä suuri *tafsiir*-oppinut Ibn Kathiir on koonnut kontekstia profeetan ﷺ seuralaisilta jakeen merkityksestä. Al-'Awfi raportoi, että Ibn Abbas sanoi:

يعني بالأمانة الطاعة عرضها عليهم قبل أن يعرضها على آدم فلم يطقنها فقال لآدم:

"*Al-Amanah* tarkoittaa (vapaan tahdon) tottelevaisuutta. Sitä tarjottiin heille ennen kuin sitä tarjottiin Aadamille ja he eivät pystyneet kantamaan sitä. Sitten Jumala sanoi Aadamille:

إني قد عرضت الأمانة على السموات والأرض والجبال فلم يطقنها فهل أنت آخذ بما فيها؟

'Totisesti, Olen tarjonnut vastuuta (*al-amaanah*) taivaille ja maalle ja vuorille ja he eivät voineet kantaa sitä, mutta otatko sinä vai sen?'

قال يا رب وما فيها ؟

Hän (Aadam) sanoi: 'Oi Valtias, mitä se sisältää?'

قال إن أحسنت جزيت وإن أسأت عوقبت

Hän (Jumala) sanoi: 'Jos teet hyvää, sinut palkitaan ja jos teet pahaa, sinua rangaistaan.'

فأخذها آدم فتحملها فذلك قوله تعالى:

Sitten Aadam otti tämän vastuun ja kantoi sen ja tähän viittaa Hänen (Jumalan) - Korkeimman, lausuntonsa:

وَحَمَلَهَا الْإنسَانُ إِنَّهُ كَانَ ظَلُومًا جَهُولًا

'*Mutta ihminen otti sen. Totisesti, hän oli epäoikeudenmukainen ja välinpitämätön (sen seurauksista).*'

Ali bin Abi Talhah raportoi, että Ibn Abbas sanoi:

الأمانة الفرائض عرضها الله على السموات والأرض والجبال إن أدوها أثابهم وإن ضيعوها عذبهم فكرهوا ذلك وأشفقوا عليه من غير معصية ولكن تعظيما لدين الله أن لا يقوموا بها ثم عرضها على آدم فقبلها بما فيها وهو قوله تعالى:

"*Al-Amanah* tarkoittaa pakollisia velvollisuuksia (*al-fara'id*). Jumala tarjosi niitä taivaille ja maalle ja vuorille - jos he täyttäisivät sen, Hän palkitsisi heitä ja jos he epäonnistuisivat siinä, niin Hän rankaisee heitä. Ja he pelkäsivät tätä. Ei sen takia, että he olisivat syntisiä, vaan sen takia, että heillä oli kunnioitusta Allahin uskontoa kohtaan (ja he pelkäsivät), että he eivät täyttäisi siihen sisältyviä vaatimuksia. Sitten Allah tarjosi sitä Aadamille ja tämä hyväksyi sen kaiken sen kanssa, mitä se piti sisällään. Ja tämä on (se, mihin) Hänen (Allahin) - Korkeimman - lausuntonsa (viittaa):

وَحَمَلَهَا الْإِنسَانُ إِنَّهُ كَانَ ظَلُومًا جَهُولًا

'Mutta ihminen otti sen. Totisesti, hän oli epäoikeudenmukainen ja
välinpitämätön (sen seurauksista).'

أي غرا بأمر الله

Tarkoittaen, että hän aliarvioi Allahin käskyä.

(*Tafsiir Ibn Kathiir*, 33:72)

Seuraavassa jakeessa Jumala sanoi:

وَيَتُوبَ اللَّهُ عَلَى الْمُؤْمِنِينَ وَالْمُؤْمِنَاتِ

"*Ja Allah tulee armahtamaan uskovaiset, miehet ja naiset.*" (33:73)

Ibn Kathiir sanoi:

أي وليرحم المؤمنين من الخلق الذين آمنوا بالله وملائكته وكتبه ورسله العاملين بطاعته

"Eli Hän tulee näyttämään armoa ihmiskunnan joukossa oleville uskovaisille,
jotka uskovat Allahiin, Hänen enkeleihinsä, Hänen kirjoihinsa ja
sanansaattajiinsa ja niille, jotka tottelevat Häntä."

(*Tafsiir Ibn Kathiir*, 33:73)

Profeetta ﷺ kertoi meille:

أَنَّ اللَّهَ، يَقُولُ لِأَهْوَنِ أَهْلِ النَّارِ عَذَابًا لَوْ أَنَّ لَكَ مَا فِي الْأَرْضِ مِنْ شَيْءٍ كُنْتَ تَفْتَدِي بِهِ قَالَ نَعَمْ. قَالَ فَقَدْ
سَأَلْتُكَ مَا هُوَ أَهْوَنُ مِنْ هَذَا وَأَنْتَ فِي صُلْبِ آدَمَ أَنْ لَا تُشْرِكَ بِي. فَأَبَيْتَ إِلَّا الشِّرْكَ

"**Allah tulee sanomaan tulen ihmiselle, joka tulee saamaan pienimmän
rangaistuksen: 'Jos sinulla olisi kaikki asiat maan päällä, antaisitko ne
vastineeksi vapauttaaksesi itsesi (helvetistä)?' Hän (palvelija) tulee
sanomaan: 'Kyllä.' Sitten Allah tulee sanomaan: 'Kun sinä olit Aadamin
selkärangassa, niin Minä pyysin sinulta paljon vähemmän kuin tämän
(Allah pyysi, että emme asettaisi muita Allahin rinnalle palvonnassa). Sitten
sinä vaadit asettaa vertaisia rinnalleni (maailmassa).'**"

(*Sahih al-Bukhari* 3334)

21

Ja Allah sanoi liitosta:

وَإِذْ أَخَذَ رَبُّكَ مِنۢ بَنِىٓ ءَادَمَ مِن ظُهُورِهِمْ ذُرِّيَّتَهُمْ وَأَشْهَدَهُمْ عَلَىٰٓ أَنفُسِهِمْ أَلَسْتُ بِرَبِّكُمْ ۖ قَالُواْ بَلَىٰ ۛ شَهِدْنَآ ۛ أَن تَقُولُواْ يَوْمَ ٱلْقِيَـٰمَةِ إِنَّا كُنَّا عَنْ هَـٰذَا غَـٰفِلِينَ

"Ja (mainitse siitä) kun Valtiaasi otti Aadamin jälkeläiset heidän selistään ja laittoi heidät todistamaan itselleen (sanoen heille): 'Enkö ole Valtiaanne?' He sanoivat: 'Kyllä, me todistamme.' (Ja tämän Hän teki) ettette sanoisi tuomiopäivänä: 'Totisesti, me olimme tietämättömiä tästä.'" (7:172)

Ja vaikka ihmiset heikkoudestaan unohtivat tämän liiton ottamisen, niin Jumala ei tule pitämään meitä vastuussa sen unohtamisesta, mutta Hän tulee pitämään meitä vastuussa siitä, miten otamme vastaan Hänen sanansaattajiensa viestit ja käskyt, joita Hän armostaan lähetti meille.

Täten, jokainen tekomme on joko meidän itsemme eduksi tai haitaksi. Ja Jumala sanoo:

مَّنْ عَمِلَ صَـٰلِحًا فَلِنَفْسِهِۦ ۖ وَمَنْ أَسَآءَ فَعَلَيْهَا ۗ وَمَا رَبُّكَ بِظَلَّـٰمٍ لِّلْعَبِيدِ

"Kuka ikinä tekee hyvää - hänelle se koituu hänen (oman sielunsa) hyväksi ja kuka ikinä tekee pahaa - hänelle se koituu hänen (oman sielunsa) vahingoksi. Valtiaasi ei tee vääryyttä palvelijoille." (41:46)

Ja profeetta ﷺ sanoi, että Allah sanoo:

يَا عِبَادِي إِنَّمَا هِيَ أَعْمَالُكُمْ أُحْصِيهَا لَكُمْ ثُمَّ أُوَفِّيكُمْ إِيَّاهَا فَمَنْ وَجَدَ خَيْرًا فَلْيَحْمَدِ اللَّهَ وَمَنْ وَجَدَ غَيْرَ ذَلِكَ فَلاَ يَلُومَنَّ إِلاَّ نَفْسَهُ

"Oi Minun palvelijani, ne ovat vain sinun tekosi, jotka tallennan sinulle ja sitten hyvitän ne sinulle, joten ylistäköön hän Jumalaa, joka löytää hyvää ja joka löytää muuta, olkoon hän syyttämättä ketään muuta kuin itseään."

(Sahih Muslim 2577)

22

Kaikki säädökset ja lait ovat meidän eduksemme ja ne suojelevat meitä pahalta. Jumala on säätänyt ne kaikkitietävästä viisaudestaan, kuten Hän sanoi:

إِنَّ رَبَّكَ عَلِيمٌ حَكِيمٌ

"Totisesti, Valtiaasi on Kaikkitietävä, Viisain." (12:6)

Jopa rukous on säädetty uskovaisen velvollisuudeksi hänen omaksi edukseen, ei sen takia, että Jumala tarvitsisi meidän rukoiluamme. Hän sanoi:

إِنَّ ٱلصَّلَوٰةَ تَنۡهَىٰ عَنِ ٱلۡفَحۡشَآءِ وَٱلۡمُنكَرِۗ وَلَذِكۡرُ ٱللَّهِ أَكۡبَرُۗ وَٱللَّهُ يَعۡلَمُ مَا تَصۡنَعُونَ

"Totisesti rukous kieltää (eli suojelee) moraalittomuudelta ja vääryydeltä. Ja Jumalan muistaminen on mahtavampaa. Ja Allah tietää, mitä te teette." (29:45)

Ja vaikka tämä testi on meille joskus hankalaa ja välillä tuntuu siltä, etteivät Jumalan määräykset ole halujemme mukaisia, niin jokainen säädös on meille parhaaksi, kuten Hän sanoo:

وَعَسَىٰٓ أَن تَكۡرَهُواْ شَيۡـًٔا وَهُوَ خَيۡرٌ لَّكُمۡۖ وَعَسَىٰٓ أَن تُحِبُّواْ شَيۡـًٔا وَهُوَ شَرٌّ لَّكُمۡۗ وَٱللَّهُ يَعۡلَمُ وَأَنتُمۡ لَا تَعۡلَمُونَ

"Kenties inhoatte asiaa, joka on teille hyväksi ja rakastatte asiaa, joka on teille huonoksi. Ja Allah tietää sillä aikaa, kun te ette tiedä." (2:216)

Ihmisen asema voi olla tottelevaisesti suoritetun maallisen elämän testin johdosta korkeampi kuin enkeleiden. Allah sanoo:

إِنَّ ٱلَّذِينَ ءَامَنُواْ وَعَمِلُواْ ٱلصَّـٰلِحَـٰتِ أُوْلَـٰٓئِكَ هُمۡ خَيۡرُ ٱلۡبَرِيَّةِ

"Totisesti, nuo, jotka uskovat ja tekevät hyviä tekoja (eli islamin mukaisia tekoja), ovat totisesti parhaita luomuksia." (98:7)

Ibn Kathiir sanoi:

أبو هريرة وطائفة من العلماء على تفضيل المؤمنين من البرية على الملائكة

"Abu Huraira ja muut oppineet käyttivät tätä jaetta todisteena sille, että (tottelevaisten) uskovaisten asema on korkeampi kuin enkeleiden."

(Tafrsiir ibn Kathiir 98:7)

Ihminen on unohtavainen ja hänen sydämensä on jatkuvasti muistutuksen tarpeessa, kuten Jumala sanoi:

وَذَكِّرْ فَإِنَّ ٱلذِّكْرَىٰ تَنفَعُ ٱلْمُؤْمِنِينَ

"Ja muistuta, sillä totisesti muistutus hyödyttää uskovaista." (51:55)

On muistettava, että Jumalalla on oikeus tulla palvotuksi, kuten Hän sanoi:

ذَٰلِكَ بِأَنَّ ٱللَّهَ هُوَ ٱلْحَقُّ وَأَنَّ مَا يَدْعُونَ مِن دُونِهِ هُوَ ٱلْبَٰطِلُ

"Koska Allah, Hän on (ainoa oikea) totuus (jolla on oikeus tulla palvotuksi) ja kaikki, mitä kutsutaan (ja palvotaan) Hänen sijastaan (tai Hänen vertaisenaan), on valheellisuutta (ja harhaa)."
(22:62)

Lisäksi profeetta ﷺ sanoi Mu'adhille:

أَنْ يَعْبُدُوهُ وَلَا يُشْرِكُوا بِهِ شَيْئًا، أَتَدْرِي مَا حَقُّهُمْ عَلَيْهِ

"(Jumalan oikeus) on, että totisesti he (palvelijat) palvovat Häntä, eivätkä aseta vertaisia Hänen rinnalleen. Tiedätkö (oi Mu'adh) mikä on heidän (palvelijoiden) oikeus Häntä (Allahia) kohtaan?"

Hän (Mu'adh) vastasi:

اللَّهُ وَرَسُولُهُ أَعْلَمُ

"Jumala ja Hänen sanansaattajansa tietävät parhaiten."

Profeetta ﷺ sanoi:

أَنْ لَا يُعَذِّبَهُمْ

"Että Allah ei rankaise heitä (jos he palvovat Häntä asettamatta vertaisia Hänen rinnalleen)."

(Sahih al-Bukhari 2856)

24

Jumala muistuttaa meitä liitosta Hänen sanansaattajiensa kautta ja Hän on määrännyt meitä tekemään hyviä tekoja, jotka ovat eduksemme. Hän muistuttaa meitä tämän maailman hetkellisyydestä sanoen:

ٱعْلَمُوٓا۟ أَنَّمَا ٱلْحَيَوٰةُ ٱلدُّنْيَا لَعِبٌ وَلَهْوٌ وَزِينَةٌ وَتَفَاخُرٌ بَيْنَكُمْ وَتَكَاثُرٌ فِى ٱلْأَمْوَٰلِ وَٱلْأَوْلَٰدِ

"Tietäkää, että tämän maailman elämä on vain leikkiä, huvia, kaunistelua, teidän keskenäistä ylpeilyänne ja kilpailua omaisuudesta ja lapsista." (57:20)

Ja Jumala sanoi:

قَدْ أَفْلَحَ مَن زَكَّىٰهَا ۝ وَقَدْ خَابَ مَن دَسَّىٰهَا ۝

"Totisesti hän on menestynyt, joka puhdistaa sitä (sieluaan) ja totisesti hän epäonnistuu, joka tallaa sitä (sieluaan korruptioon)." (91:9–10)

Vaikka ihminen tekee virheitä ja hän sortuu joskus syntiin, on hänellä mahdollisuus parantaa tekojaan niin kauan, kun hän on vielä elossa, kuten Jumala sanoi:

إِنَّ ٱلْحَسَنَٰتِ يُذْهِبْنَ ٱلسَّيِّئَاتِ

"Totisesti, hyvät teot pyyhkivät pois huonot teot." (11:114)

Ja profeettamme ﷺ sanoi:

كُلُّ ٱبْنِ آدَمَ خَطَّاءٌ وَخَيْرُ ٱلْخَطَّائِينَ ٱلتَّوَّابُونَ

"Kaikki Aadamin jälkeläiset tekevät syntiä, mutta parhaat heistä ovat nuo, jotka katuvat."
(*Sunan at-Tirmidhii* 2499, vahva (*qawjj*) Ibn Hajarin mukaan)

Jopa rukouksissamme, joita Allah on määrännyt meitä suorittamaan, Hän käskee meitä pyytämään Häneltä jatkuvasti johdatusta käskien meitä sanomaan:

ٱهْدِنَا ٱلصِّرَٰطَ ٱلْمُسْتَقِيمَ

"Johdata meitä oikealle tielle." (1:6)

Varoitus sekteistä ja määräys seurata islamia seuralaisten ja varhaisajan muslimien ymmärryksen mukaisesti

Jo varhaiseen aikaan profeettamme ﷺ varoitti meitä siitä, että aivan kuten muista uskonnoista, niin islamistakin tulee muodostumaan erilaisia sektejä. Näitä sektejä jokaisen meistä tulisi kiertää kaukaa ja varoa, sillä niiden tulkinnat eivät enää perustu siihen, mitä Allah on ihmisille tarkoittanut. Ne eivät perustu siihen, miten Hän opetti asiat kontekstissa Hänen sanansaattajalleen ﷺ, joka opetti asiat kontekstissa hänen ﷺ seuralaisilleen, jotka opettivat eteenpäin tätä tietoa seuraaville sukupolville raportoitujen ketjujen kautta.

Allah sanoo:

إِنَّ ٱلَّذِينَ فَرَّقُواْ دِينَهُمْ وَكَانُواْ شِيَعًا لَّسْتَ مِنْهُمْ فِى شَىْءٍ إِنَّمَآ أَمْرُهُمْ إِلَى ٱللَّهِ ثُمَّ يُنَبِّئُهُم بِمَا كَانُواْ يَفْعَلُونَ

"Totisesti sinulla ei ole mitään tekemistä niiden kanssa, jotka ovat jakaneet uskontonsa lahkoihin. Heidän asiansa kuuluu vain Allahille ja Hän tulee ilmoittamaan heille, mitä heillä oli tapana tehdä." (6:159)

Profeetta ﷺ kertoi eräälle seuralaiselleen tulevista ajoista, jolloin ihmisiä tulee menemään harhaan ja lopuksi hän kertoi neuvona hänelle:

فَاعْتَزِلْ تِلْكَ الْفِرَقَ كُلَّهَا، وَلَوْ أَنْ تَعَضَّ بِأَصْلِ شَجَرَةٍ، حَتَّى يُدْرِكَكَ الْمَوْتُ، وَأَنْتَ عَلَى ذَلِكَ

"Niin pysy poissa kaikista niistä sekteistä, vaikka joutuisit purra puun juuria, kunnes kuolema saavuttaa sinut ollessasi siinä tilassa." (*Sahih al-Bukhari* 7084)

Lisäksi hän ﷺ sanoi:

مَنْ يَعِشْ مِنْكُمْ بَعْدِي فَسَيَرَى اخْتِلَافًا كَثِيرًا فَعَلَيْكُمْ بِسُنَّتِي وَسُنَّةِ الْخُلَفَاءِ الْمَهْدِيِّينَ الرَّاشِدِينَ تَمَسَّكُوا بِهَا وَعَضُّوا عَلَيْهَا بِالنَّوَاجِذِ وَإِيَّاكُمْ وَمُحْدَثَاتِ الْأُمُورِ فَإِنَّ كُلَّ مُحْدَثَةٍ بِدْعَةٌ وَكُلَّ بِدْعَةٍ ضَلَالَةٌ

"Kuka ikinä elää jälkeeni tulee näkemään paljon erimielisyyksiä, joten teidän on seurattava minun *sunnaani* ja hurskaiden, oikein opastettujen johtajien *sunnaa*. Pitäkää siitä kiinni takahampaillanne. Olkaa varuillanne uskontoon uusista keksityistä asioista, sillä jokainen uusi asia on uudistus ja jokainen (uskontoon liittyvä) uudistus on harhaa."

(*Sunan Abi Dawud* 4607, *sahih* al-Arna'utin mukaan)

Lisäksi profeetta ﷺ sanoi:

وَإِنَّ بَنِي إِسْرَائِيلَ تَفَرَّقَتْ عَلَى ثِنْتَيْنِ وَسَبْعِينَ مِلَّةً وَتَفْتَرِقُ أُمَّتِي عَلَى ثَلَاثٍ وَسَبْعِينَ مِلَّةً كُلُّهُمْ فِي النَّارِ إِلَّا مِلَّةً وَاحِدَةً

"Ja totisesti, Israelin jälkeläiset jakautuivat seitsemäänkymmeneenkahteen sektiin ja minun kansani tulee jakautumaan seitsemäänkymmeneenkolmeen sektiin ja he kaikki ovat tulessa, paitsi yksi suuntaus." Profeetan ﷺ seuralaiset kysyivät:

وَمَنْ هِيَ يَا رَسُولَ اللهِ

"Ja ketkä he ovat, oi Allahin sanansaattaja?" Hän ﷺ vastasi siihen:

مَا أَنَا عَلَيْهِ وَأَصْحَابِ

"(He ovat niitä, jotka ovat siinä) missä minä ja minun seuralaiseni ovat."
(*Sunan at-Tirmidhi* 2641, *hasan* al-Albaanin mukaan)

Toisessa raportissa hän ﷺ vastasi:

الْجَمَاعَةُ

"Al-Jamaa'ah."

(*Sunan ibn Majah* 3992, *sahih* al-Albaanin mukaan)

Al-Jama'ah usein käännetään muslimikansan enemmistöksi, joka on virheellinen käännös, sillä sana tarkoittaa kielellisesti yhteisöä tai ryhmää ja sen konteksti tarkoittaa **totuutta seuraavia muslimeita, seuralaisia ja heidän polkuaan ja tätä seuraavia oppineita,** vaikka heitä olisi tänä päivänä vähän. Se tarkoittaa muiden todisteiden pohjalta niitä, jotka seuraavat **Koraania,** *sunnaa* ja ensimmäistä **yhteisöä (eli seuralaisia) ja niitä, jotka seuraavat heitä uskonnon ymmärryksessä.** Siksi sopivampi käännös on sanoa: **"totuudessa oleva ryhmä"**, joista ensimmäiset olivat profeetan ﷺ ajan muslimit ja heidän jälkeensä nuo, jotka seurasivat heitä. Parhaat heistä olivat tietenkin kolme ensimmäistä sukupolvea, kuten profeetta ﷺ sanoi:

الْقَرْنُ الَّذِي أَنَا فِيهِ ثُمَّ الثَّانِي ثُمَّ الثَّالِثُ

"(Parhaita ihmisistä ovat) sen sukupolven (muslimit), josta minä olen, seuraavaksi siitä seuraava sukupolvi ja sitten kolmas sukupolvi."
(*Sahih Muslim* 2536)

Profeetan ﷺ seuralainen Abdullah ibn Mas'uud sanoi *al-jamaa'ah*-sanasta:

الْجَمَاعَةُ مَا وَافَقَ الْحَقَّ وَإِنْ كُنْتَ وَحْدَك

"Al-Jamaa'ah on se, mikä seuraa totuutta, vaikka olisit yksin."
(*I'laam al-muwaqqi'iin* 3/308)

Varhaisajan oppinut al-Barbahari sanoi:

فقد بين رسول الله صلى الله عليه وسلم لأمته السنة وأوضحها لأصحابه **وهم الجماعة** وهم السواد الأعظم والسواد الأعظم الحق وأهله

"Joten totisesti, Allahin sanansaattaja ﷺ selkeytti *sunnan* hänen ﷺ (aikansa) kansalleen ja hänen seuralaisilleen. He ovat *al-jamaa'ah* ja he ovat (joissakin heikoissa raporteissa mainittu) 'enemmistö' ja (sellainen) enemmistö (jota pitää todellisuudessa seurata) on totuus ja sen ihmiset (ei vain muslimien enemmistöä)."
(*Sharh as-sunnah* 1/37)

Profeetan ﷺ seuralainen Abdullah ibn Mas'ud sanoi:

إنّ جُمْهُورَ الْجَمَاعَةِ هِيَ الَّتِي تُفَارِقُ الْجَمَاعَةَ إنَّمَا الْجَمَاعَةُ مَا وَافَقَ طَاعَةَ اللّهِ وَإِنْ كُنْتَ وَحْدَكَ

"Totisesti, enemmistö joukoista ovat eronneet al-jamaa'sta. Al-Jamaa'ah on ainoastaan sellainen, joka vahvistaa Allahin tottelemisen, vaikka olisit yksin."
(*Sharh Usuul i'tiqaad Ahl al-sunnah wal-jamaa'ah* 160)

Myös Ali sanoi:

إنّ الْحَقَّ والباطل لا يُعْرَفان بأقدار الرِّجَال اعْرِف الْحَقَّ تَعْرِفُ أَهْلَهُ واعْرِفِ الباطل تَعْرِف من أتاه

"Totisesti, totuutta ja valhetta ei tunnisteta miesten määrästä. Tiedä totuus ja tulet tunnistamaan sen ihmiset. Tiedä mikä on harhaa ja tulet tunnistamaan sen tuojan." (*Ansab al-ashraf* 358)

Tämä opettaa meille sen tärkeyden, että opiskelemme islamin lähteet ennen kaikkea, jotta tunnistaisimme kuka puhuu niihin viitaten islamista ja kuka ei. Kuka ikinä ei puhu islamista profeetan ﷺ oppilaiden, eli seuralaisten, eikä varhaisajan muslimien ymmärrykseen palaten, ei ole luotettava lähde uskonnolle.

Jopa Allah kehuu Koraanissa seuralaisia monessa eri jakeessa ja opettaa uskovaisia seuraamaan heitä profeetan ﷺ jälkeen, joten henkilö ei aidosti seuraa Koraania, mikäli hän ei seuraa näitä lähteitä. Koraani ja *sunnah* vahvistavat seuralaisten seuraamisen pakollisuuden ja kieltävät itsenäisen tulkinnan. Allah sanoi:

فَإِنْ ءَامَنُواْ بِمِثْلِ مَآ ءَامَنتُم بِهِ فَقَدِ ٱهْتَدَواْ ۖ وَّإِن تَوَلَّواْ فَإِنَّمَا هُمْ فِى شِقَاقٍ

"Joten, jos he sitten uskovat samoin kuin te uskotte, niin silloin he ovat oikealla tiellä, mutta jos he kääntyvät pois, niin he ovat vain erimielisyyksissä." (2:137)

Ja Hän sanoi:

وَٱلسَّٰبِقُونَ ٱلْأَوَّلُونَ مِنَ ٱلْمُهَٰجِرِينَ وَٱلْأَنصَارِ وَٱلَّذِينَ ٱتَّبَعُوهُم بِإِحْسَٰنٍ رَّضِىَ ٱللَّهُ عَنْهُمْ وَرَضُواْ عَنْهُ وَأَعَدَّ لَهُمْ جَنَّٰتٍ تَجْرِى تَحْتَهَا ٱلْأَنْهَٰرُ خَٰلِدِينَ فِيهَآ أَبَدًا ۚ ذَٰلِكَ ٱلْفَوْزُ ٱلْعَظِيمُ

"Edeltäjiin, jotka olivat ensimmäisten joukossa siirtolaisina (tekivät hijran Medinaan ja pakenivat mekkalaisten polyteistien alistusta) ja avustajiin (eli niihin muslimeihin, jotka ottivat heidät vastaan) sekä heihin, jotka seurasivat heitä hurskaudessa Allah

28

on tyytyväinen ja he ovat tyytyväisiä Häneen. Hän on valmistanut heille paikan (paratiisissa), jossa purot solisevat ja jossa he saavat asua ikuisesti. Tuo on menestys mahtava." (9:100)

Ja Hän sanoo:

وَمَن يُشَاقِقِ ٱلرَّسُولَ مِنۢ بَعْدِ مَا تَبَيَّنَ لَهُ ٱلْهُدَىٰ وَيَتَّبِعْ غَيْرَ سَبِيلِ ٱلْمُؤْمِنِينَ نُوَلِّهِ مَا تَوَلَّىٰ وَنُصْلِهِ جَهَنَّمَ وَسَآءَتْ مَصِيرًا

"Ja kuka ikinä vastustaa sanansaattajaa sen jälkeen, kun johdatus on tullut selkeäksi hänelle ja seuraa muuta tietä kuin uskovaisten tietä, niin Me tulemme kääntämään hänet siihen suuntaan, johon hän on mennyt ja polttamaan hänet helvetissä. Paha on määränpäänä." (4:115)

Lisäksi Allah sanoi:

وَيُعَلِّمُهُمُ ٱلْكِتَٰبَ وَٱلْحِكْمَةَ

"- - ja hän (Muhammad) opettaa heille Kirjan ja Viisauden - -." (62:2)

Ja Hän sanoi:

وَأَنزَلْنَآ إِلَيْكَ ٱلذِّكْرَ لِتُبَيِّنَ لِلنَّاسِ مَا نُزِّلَ إِلَيْهِمْ وَلَعَلَّهُمْ يَتَفَكَّرُونَ

"Ja Me olemme ilmoittaneet sinulle (Muhammad) muistutuksen (Koraanin), jotta selittäisit heille sen, mitä heille on lähetetty ja kenties he miettisivät." [1] (16:44)

Profeetta ﷺ selitti Koraanin ja ilmoitetut säädökset hänen seuralaisilleen, jotka opettivat tietoa eteenpäin seuraaville varhaisajan sukupolville oikeasta kontekstista. Miten siis muka voisimme edes seurata totuutta ilman, että seuraisimme heitä?

Ibn Mas'uud oli yksi oppineimpien seuralaisten joukosta, joka neuvoi meitä sanoen:

لَا يَزَالُ النَّاسُ بِخَيْرٍ مَا أَتَاهُمُ الْعِلْمُ مِنْ قِبَلِ أَصْحَابِ مُحَمَّدٍ صَلَّى اللَّهُ عَلَيْهِ وَسَلَّمَ

"Ihmiset tulevat olemaan hyvässä niin kauan, kun he ottavat tiedon Muhammadin ﷺ seuralaisilta." (*Az-Zuhd wal-raqa'iq* 801)

Profeetan ﷺ seuralaisten joukossa oli myös oppineita, joita hän ﷺ erityisesti kehui meille. Yhdessä raportissa hän ﷺ sanoi:

اقْتَدُوا بِاللَّذَيْنِ مِنْ بَعْدِي مِنْ أَصْحَابِي أَبِي بَكْرٍ وَعُمَرَ وَاهْتَدُوا بِهَدْيِ عَمَّارٍ وَتَمَسَّكُوا بِعَهْدِ ابْنِ مَسْعُودٍ

"Seuratkaa jälkeeni näiden kahden miehen esimerkkiä seuralaisteni joukosta, jotka tulevat olemaan (eli elämään vielä) jälkeeni: Abu Bakria ja 'Umaria. Olkaa johdatettuja 'Ammaarin ohjauksella ja pitäkää kiinni Ibn Mas'uudin neuvoista."
(*Sunan at-Tirmidhi* 3805, *sahih* al-Albaanin mukaan)

---

[1] Ks. Ibn Kathiirin *tafsiir*.

29

Tätä tietä ja näitä neuvoja seuraamalla estämme kaikki väärät tulkinnat, jotka riistävät Koraanin jakeet ja *hadiithit* pois niiden alkuperäisistä konteksteistaan. Oikea ja puhdas konteksti suojelee ääripäihin ja sekteihin joutumiselta. Alkuperäisen kontekstin seuraaminen auttaa meitä pysymään kultaisella keskitiellä, jonka esimerkkiä profeetta ﷺ edusti. Tähän pääsemme seuraamalla edellä mainittuja lähteitä ja pyytämällä Allahia ohjaamaan meitä jatkuvasti oikealle tielle ja pysymään sillä.

Eräs tunnettu Koraanin ja *sunnan* luotettava oppinut Ibn al-Qayyim tiivisti islamin lähdelinjan hänen runossaan sanoen:

العِلْمُ قالَ اللهُ قال اللهُ قال رَسُولُه ٭٭ قال الصَّحابةُ هم أُولُو العِرْفانِ

"Tieto on (sitä, että henkilö sanoo): 'Allah sanoi…',
'Sanansaattaja sanoi….', ٭٭ 'Seuralaiset sanoivat...' - he
ovat ymmärryksen omaajia."

(*Nuuniyyah*)

Uskonto perustuu tietoon ja tavallisten muslimien tulisi kääntyä runossa mainittua polkua seuraavien oppineiden puoleen. Näin voidaan välttää eri sektejä ja niiden edustajia. Tavallinen muslimi varoo, ettei hän seuraa mitään ryhmiä, jotka lisäävät uskontoon tulkintoja ja jopa rituaaleja, joita profeetta ﷺ ei opettanut. Uskontoon ei ole tarvetta enää lisätä mitään, sillä Allah täydellisti uskontomme jo ennen profeetan ﷺ menehtymistä. Allah sanoi:

ٱلْيَوْمَ أَكْمَلْتُ لَكُمْ دِينَكُمْ وَأَتْمَمْتُ عَلَيْكُمْ نِعْمَتِى وَرَضِيتُ لَكُمُ ٱلْإِسْلَٰمَ دِينًا

"Tänä päivänä Olen täydellistänyt uskontonne teille ja olen täydentänyt suosioni yllenne ja olen valinnut uskonnoksenne islamin." (5:3)

Jopa profeetta ﷺ sanoi:

وَكُلُّ بِدْعَةٍ ضَلَالَةٌ وَكُلُّ ضَلَالَةٍ فِي النَّارِ

"Jokainen innovaatio (uskontoon liittyen) on harhaa ja jokainen harha on helvetissä." (*Sunan an-Nasa'i* 1578, *sahih* al-Albanin mukaan)

Aisha raportoi, että profeetta ﷺ sanoi:

مَنْ أَحْدَثَ فِي أَمْرِنَا هَذَا مَا لَيْسَ فِيهِ فَهُوَ رَدٌّ

"Hän, joka tekee jonkun uudistuksen meidän asiaamme (eli islamiin), joka ei ole siitä, tulee saamaan sen hylätyksi (eli Allah ei hyväksy sitä tekoa)."

Toisessa ketjussa profeetta ﷺ sanoi:

مَنْ عَمِلَ عَمَلًا لَيْسَ عَلَيْهِ أَمْرُنَا فَهُوَ رَدٌّ

"Hän, joka tekee teon, joka ei ole meidän asiamme mukainen, tulee saamaan sen hylätyksi."

(*Sahih al-Bukhari* 2697, *Sahih Muslim* 1718)

Jos emme seuraisi uskonnollisten tekstien oikeaa kontekstia, niin **koko kertomus muuttuisi ja se ei olisi enää alkuperäisessä muodossaan.** Tämä pätee sekä Koraaniin että *hadiitheihin*.

Jos jokainen tulkitsisi Koraania ja *hadiitheja* oman mielensä mukaan, niin meille syntyisi tuhansia eri versioita Koraanista ja tuhansia eri uskontoja sekä sektejä. Kyseessä ei olisi enää Allahin uskonto, vaan ihmisten keksimiä uskontoja.

Jos henkilö haluaa seurata totuutta ja sitä, mitä Allah meiltä vaatii, niin hän ei voi lukea Koraania eikä *hadiitheja* ilman, että hän huomioi näiden selitysteokset, jotka kertovat kunkin tekstin kontekstin ja lisäksi tiedostaa esimerkiksi käännösten olevan vain suuntaa antavia. Koraanin konteksti on koottu teksteihin, joita kutsutaan *tafsiireiksi* ja *hadiithien* kontekstit on koottu teksteihin, joita kutsutaan *sharheiksi*.

Hadiithien *sharh* joka perustuu seuralaisten ja varhaisajan muslimien selityksiin

Koraanin *tafsiir* joka perustuu seuralaisten ja varhaisajan muslimien selityksiin

Jokaisen on siis oltava uskonnostaan lähdekriittinen, mikäli hän aidosti haluaa seurata sitä, mihin Allah on tyytyväinen. On myös varottava liiallista itsenäistä opiskelua, sillä yksin lukemisen yhteydessä tipahtaa helposti harhaan. Sen sijaan muslimin on hyvä muistaa, että Koraanin ja hadiithien taustalla on aina konteksti, jota ei itse välttämättä pääse aina tutkimaan. Tämän vuoksi ennen johtopäätöksiin hyppäämistä asiat on aina parasta varmistaa luotettavilta opettajilta, mikäli itsellä ei ole pääsyä teksteihin.

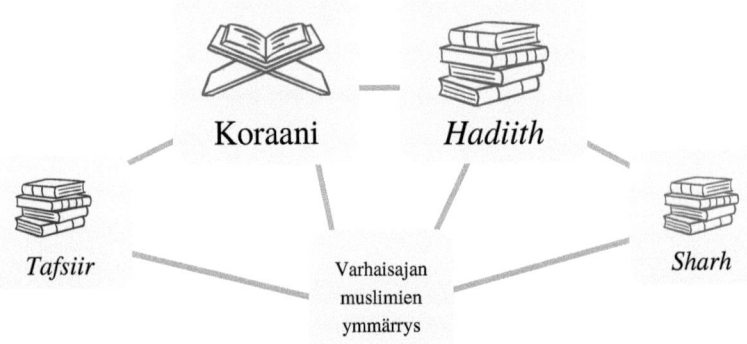

Koraanin ja *sunnan* koulukunnat

Islamissa sana *sharia* viittaa profeetalle 🕌 ilmoitettujen Koraanin ja *sunnan* lakien ja säädösten kokonaisuuteen. Tämä käännetään suomeksi usein islamin laiksi. *Shariaan* kuuluu siis ilmoitetut lait. Sen lisäksi meillä on toinen termi nimeltään *fiqh*, joka käännetään tavallisesti islamin lainopiksi. Uskonnollisessa kontekstissa *fiqh* viittaa ilmoituksista juonnettuihin lakeihin.

Tavallinen ihminen ei voi alkaa toimimaan asianajajana ja sama pätee *sharian* opettamisessa ja sen lakien käsittelemisessä. Vaikka monet säädöksistä ovat selkeitä, niin *sharian* laajuus on jotain, mihin vain osan on yhteisöstä syvennyttävä. Tavalliset ihmiset sitten kääntyvät lainoppineiden puoleen asioissa, joissa he tarvitsevat laillista tukea.

Koulukunnat, eli *madh'habit* koostuvat varhaisajan oppineen ja hänen oppilaidensa päätelmistä, jotka ovat säilytettyjä ilmoitusten pohjalta pääteltyjä lakeja. Suurten koulukuntien oppineiden katsotaan siis tehneen jo suurimmat tutkimustyöt kielletyistä ja sallituista puolestamme, jonka vuoksi heidän töitään seurataan. Tavallinen muslimi ei voi yksin tehdä tällaista tutkimustyötä, joten hänen on kännyttävä oppineiden puoleen.

Koulukunnat, joita on hyväksyttävää seurata, ovat sellaiset, jotka perustuvat Koraaniin ja *sunnaan* ja Allahin sanansaattajan 🕌 seuralaisten ymmärrykseen niistä. Kokonaisimpana säilyneet Koraanin ja *sunnan* koulukunnat ovat seuraavat:

Hanafi-koulukunta

Tutkija: Imaami Abu Haniifa (Nu'man ibn Thaabit)
Elinaika: 80-150 hijran jälkeen

Maaliki-koulukunta

Tutkija: Imaami Maalik (Maalik ibn Anas ibn Amir)
Elinaika: 93-179 hijran jälkeen

Shaafi'i-koulukunta

Tutkija: Imaami ash-Shaafi'i (Muhammad ibn Idris Ash-Shafi'i)
Elinaika: 150-204 hijran jälkeen

Hanbali-koulukunta

Tutkija: Imaami Ahmad (Ahmad ibn Hanbal ash-Shaybani)
Elinaika: 164-241 hijran jälkeen

Tavallisen muslimin on helpointa aloittaa opiskelemaan säädöksiä ensin yhdestä koulukunnasta ennen kaikkien eri mielipiteiden opiskelemista. Kaikkia näitä koulukuntia kunnioitetaan.

Joskus lainopillinen asia ei ole niin mustavalkoinen ja silloin tuomarit pyrkivät parhaaseen ratkaisuun asian suhteen.

Profeetta ﷺ sanoi:

إِذَا حَكَمَ الْحَاكِمُ فَاجْتَهَدَ ثُمَّ أَصَابَ فَلَهُ أَجْرَانِ وَإِذَا حَكَمَ فَاجْتَهَدَ ثُمَّ أَخْطَأَ فَلَهُ أَجْرُ

"Jos tuomari tekee päätöksen pyrkien laittaamaan käytäntöön hänen järkeilyään (Koraanin ja *sunnan* mukaisesti) ja on oikeassa, niin hän saa kaksi palkkiota. Jos tuomari tekee päätöksen pyrkien käyttää hänen järkeilyään (Koraanin ja *sunnan* mukaisesti) ja tekee virheen, niin hän saa yhden palkkion."

(*Sahih al-Bukhari* 7352, *Sahih Muslim* 1716)

Jopa seuralaisilla oli mielipide-eroja tällaisissa asioissa ja tunnetuin perimätieto, jota tähän aiheeseen siteerataan on Banu Quraizhan *hadiith*.

Profeetta ﷺ sanoi sen ajan muslimeille, kun he matkustivat suuressa ryhmässä:

لَا يُصَلِّيَنَّ أَحَدٌ الْعَصْرَ إِلَّا فِي بَنِي قُرَيْظَةَ

"Kenenkään teistä ei pitäisi rukoilla Asr-rukousta ennen kuin saavutte Banu Quraizhaan."

Asr-rukous saapui joidenkin heistä ollessa matkalla. Osa sanoivat: "Me emme rukoile, kunnes saavumme Banu Quraizhan paikalle." Toiset sanoivat: "Ei, vaan me rukoilemme tällä paikalla, sillä profeetta ﷺ ei tarkoittanut sitä sillä tavalla (eli se oli vain rohkaisu nopeuttaa tahtia)." Myöhemmin asiasta mainittiin profeetalle ﷺ ja hän ﷺ ei moittinut kumpaakaan ryhmää.

(*Sahih al-Bukhari* 4119)

Tässä tapahtumassa molemmat heistä pyrkivät oikeaan tulokseen. He halusivat totella Jumalan käskyä rukoilla rukoukset oikean ajan sisällä, mutta samalla he halusivat totella Jumalan sanansaattajaa ﷺ, jota Jumala on käskenyt tottelemaan. He eivät olleet varmoja, oliko käsky kirjaimellinen tai rohkaisu, eikä asiasta ollut yksimielisyyttä. Tässä tapauksessa profeetta ﷺ ei moittinut kumpaakaan heistä, sillä molemmat heistä pyrkivät aidosti parhaaseen.

Islamilaisen tiedon kulku ja säilyminen

Islam on maailman lähdekriittisin uskonto, jonka tieto perustuu kertomaketjuihin ja ulkoaopettelemiseen. Koraani sen eri lukutapojen kera on säilynyt meille täysin autenttisesti ulkoaopettelemisen keinolla, joten sanoituksia ei voi muuttaa ilman, että kaikki muut huomaisivat muutoksen. Jo lukuisat seuralaiset opiskelivat Koraanin ulkoa ja luonnollisesti sitä opetettiin eteenpäin lukuisille jälkeläisille. Koraanin säilymisen tiedettä kutsutaan Koraaniopiksi.

Myös hadiitheja ulkoaopeteltiin ja niiden sekä Koraanin merkityksiä levitettiin eteenpäin. Jotta tieto olisi luotettavaa, niin se otettiin vastaan vain, jos välissä oli luotettava ketju ihmisiä. Ketjuja ja niiden eri luokitelmia opiskellaan *hadith*-tieteissä. *Hadith*-tieteissä opiskellaan mm. ketjun ihmisten määrää ja heidän biografioitaan, joiden avulla määritellään, voiko tietoon luottaa.
Yleisimmät luokitelmat, joita tavallisen muslimin on hyvä muistaa koskien *hadiitheja* on:

1. *Sahih* (Autenttinen ketju)
2. *Hasan* (Hyvä, joka on toinen autenttisen ketjun tyyppi)
3. *Ḏaif* (Heikko)

Näiden lisäksi ketjuille on muita nimityksiä, joita opiskellaan *hadith*-tieteissä. Osa oppineista ovat myös toistensa kanssa eri mieltä joidenkin *hadithien* ketjujen autenttisuudesta, joten tavallisen muslimin on hyvä pitää se mielessä, vaikka alaa ei itse opiskelisi. Silti kunnioitamme Koraanin ja *sunnan* oppineiden työtä, panosta ja pieniä eroja heidän lausunnoissaan.

Helppo esimerkki tiedon kulusta

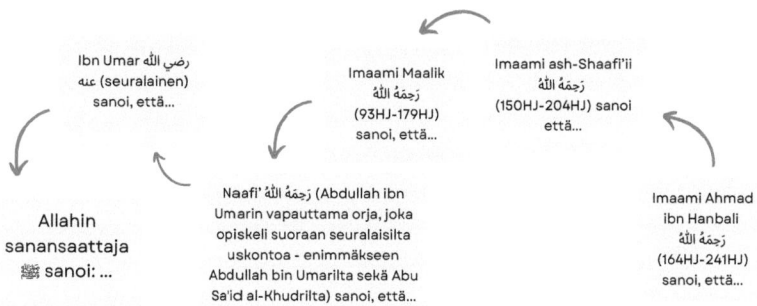

Perimätiedolla on useasti myös muitakin ketjuja, joiden kautta tieto on levinnyt useammalle ihmiselle. Tekstejä myös kirjattiin jo varhain ulkoaopettelemisen lisäksi.

Käytöstavat ja tiedon opiskelijan etiketit ennen opiskelemista

Koska jokainen asia islamissa ei ole niin mustavalkoinen ja koska tavallisen muslimin tiedonpuute on niin suurta, jokaisen on muistettava kärsivällisyys, käytöstavat ja tiedon opiskelijan etiketit ennen suunsa avaamista.

Etiketteihin kuuluu ennen kaikkea hyvät käytöstavat, joiden tärkeyttä varhaisajan muslimit korostivat, kuten Maalik ibn Anas sanoi:

تَعَلَّم الأَدَبَ قَبْلَ أَنْ تَتَعَلَّمَ الْعِلْمَ

"Opi käytöstavat ennen kuin opit tietoa."

(Ghara'ib Maalik ibn Anas 45)

Ja Ibn al-Mubarak sanoi *hadiithin* ihmisille:

أنتم إلى قَليلٍ مِنَ الأَدَبِ أَحْوَجُ منكم إلى كَثِيرٍ مِنَ الْعِلْم

"Olette suuremmassa tarpeessa saada vähän käytöstapoja kuin paljon tietoa."

(Tarikh Dimashq 32918)

Huonoilla käytöstavoilla ei tavoita tietoa, opettajia, eikä hurskautta ja siksi niitä on syytä kehittää suositeltavien etikettien opiskelemisen rinnalla.

Jopa profeettamme ﷺ sanoi:

إِنَّ مِنْ خِيَارِكُمْ أُحْسَنَكُمْ أَخْلَاقًا

"Parhaat teistä ovat nuo, jotka ovat parhaita käytöstavoissa."

(Sahih al-Bukhaari 3559)

Tavallinen muslimi ei osallistu uskonnollisista aiheista riitelemiseen ja hän on varovainen siitä, mitä hän sanoo. Hän kääntyy tietävien puoleen kysymystensä kanssa ja opiskelee rauhallisesti tiedon opiskelijan etiketit sekä islamin aiheiden alkeet ennen syventymistä.

Jopa Allah sanoo Koraanissa:

فَسْـَٔلُوٓا۟ أَهْلَ ٱلذِّكْرِ إِن كُنتُمْ لَا تَعْلَمُونَ

"Joten kysykää muistutuksen ihmisiltä, jos te ette tiedä."
(16:43)

Imaam as-Sa'dii sanoi jakeesta *tafsiirissaan*:

وعموم هذه الآية، فيها مدح أهل العلم، وأن أعلى أنواعه، العلم بكتاب الله المنزل. فإن الله أمر من لا يعلم، بالرجوع إليهم، في جميع الحوادث

"Ja tämän jakeen yleinen merkitys on, että siinä ylistetään tiedon ihmisiä ja, että korkein (tiedon) tyyppi on tieto Allahin ilmoitetusta kirjasta. Sillä totisesti Allah käskee niitä, jotka eivät tiedä kääntymään heidän (eli tiedon ihmisten) puoleensa jokaisessa tilanteessa (jossa on siihen tarve)."

(*Tafsiir as-Sa'dii* 16:43)

Eräs profeetan ﷺ seuralaisista virheellisesti antoi toiselle väärän vastauksen uskonnosta ilman tietoa ja profeetta ﷺ sanoi:

فَإِنَّمَا شِفَاءُ الْعِيِّ السُّؤَالُ

"Sillä totisesti tietämättömyyden lääke on kysyminen."

(*Sunan Abi Dawud* 336, *sahih* al-Albaanin mukaan)

Imaami ash-Shaafi'i mainitsi runossaan kuusi asiaa, joita opiskelemiseen tarvitsee:

أَخِي: لَنْ تَنَالَ الْعِلْمَ إِلا بِسِتَّةٍ

"Veljeni, et tule saavuttamaan tietoa ilman kuutta (asiaa).

سَأُنْبِيكَ عَنْ تَفْصِيلِهَا بِبَيَانِ

Tulen ilmoittamaan ne sinulle yksityiskohtaisella ilmaisulla.

ذَكَاءٌ، وَحِرْصٌ، وَاجْتِهَادٌ، وَبُلْغَةٌ

(Ne ovat) älykkyys, innokkuus (olla jatkuva), ahkeruus, ja (tarpeellinen) vauraus,

وَصُحْبَةُ أُسْتَاذٍ، وَطُولُ زَمَانِ

opettajan seura ja pitkä aika."

(*Diiwaan ash-Shaafi'i*)

Uskonnosta puhuminen ilman tietoa

Jumalasta ja Hänen säädöksistään puhuminen ilman tietoa on yksi suurimmista synneistä islamissa. Tähän kuuluu Jumalan kuvaileminen, piirtäminen, Hänen ominaisuuksistaan, nimistään, säädöksistään ja Hänen sanansaattajansa ﷺ ilmoittamista säädöksistä puhuminen ilman tietoa.

Allah sanoi:

قُلْ إِنَّمَا حَرَّمَ رَبِّيَ الْفَوَاحِشَ مَا ظَهَرَ مِنْهَا وَمَا بَطَنَ وَالإِثْمَ وَالْبَغْيَ بِغَيْرِ الْحَقِّ وَأَن تُشْرِكُواْ بِاللّهِ مَا لَمْ يُنَزِّلْ بِهِ سُلْطَانًا وَأَن تَقُولُواْ عَلَى اللّهِ مَا لاَ تَعْلَمُونَ

*"Sano: Valtiaani on kieltänyt moraalittomuudet. Ne (moraalittomuudet), jotka ovat näkyviä ja ne, jotka ovat piilotettuja. Ja (Hän on kieltänyt) synnin ja sorron, joille ei ole oikeutta. Ja (Hän on kieltänyt) sen, että asetatte vertaisia Hänen rinnalleen, joita Hän ei ole koskaan laillistanut (että heillä olisi mitään oikeutta tulla palvotuksi). **Ja sen, että puhutte Jumalasta ilman tietoa.**"*
(7:33)

Ja Hän sanoi:

وَلاَ تَقُولُواْ لِمَا تَصِفُ أَلْسِنَتُكُمُ الْكَذِبَ هَذَا حَلَالٌ وَهَذَا حَرَامٌ لِّتَفْتَرُواْ عَلَى اللّهِ الْكَذِبَ إِنَّ الَّذِينَ يَفْتَرُونَ عَلَى اللّهِ الْكَذِبَ لاَ يُفْلِحُونَ

"Ja älkää puhuko (tai sanoko mitään) siitä (aiheesta), mistä teidän kielenne väittävät valheita (sanoen): 'Tämä on kiellettyä ja tämä on sallittua' keksiäksenne valheita Allahista. Totisesti nuo, jotka keksivät Allahista valheita eivät tule menestymään." (16:116)

Ja Hän sanoo:

وَمَنْ أَظْلَمُ مِمَّنِ افْتَرَى عَلَى اللّهِ كَذِبًا أُوْلَئِكَ يُعْرَضُونَ عَلَى رَبِّهِمْ وَيَقُولُ الأَشْهَادُ هَؤُلاَءِ الَّذِينَ كَذَبُواْ عَلَى رَبِّهِمْ

"Ja kuka onkaan epäoikeudenmukaisempi kuin hän, joka keksii valheita Allahista? Nuo tullaan esittämään heidän Valtiaansa eteen ja todistaja tulee sanomaan: 'Nämä olivat niitä, jotka valehtelivat Valtiaastaan.'"
(11:18)

Kuka on Allah?

Allah-sana on arabian kieltä ja se tavallisesti käännetään sanalla "Jumala". Sopivampaa käännöstä sanalle ei taida löytyä suomenkielestä. Jopa suomalaiset muslimit suosivat usein alkuperäistä Allah-sanaa siksi, että käännös "Jumala" ei anna riittävää oikeutta arabiankielisen sanan merkitykselle, joka tarkoittaa ainoaa palvomisen arvoista Jumalaa. Islamin mukaisessa ymmärryksessä Jumala on palvomisen arvoinen Hänen nimiensä ja ominaisuuksiensa ansiosta, joita Hän on ilmoittanut itsestään Kirjassaan tai joista Hänen Lähettiläänsä ﷺ on Hänestä autenttisesti ilmoittanut perimätiedoissa (*hadiitheissa*). Allah-sanan ei siis kannata antaa hämätä ajattelemaan, että kyseessä olisi jokin ulkomaalaisten Jumala, joka ei olisi sama Jumala, joka on lähettänyt mm. Tooran ja Evankeliumin sekä profeetat, kuten Aadamin, Aabrahamin, Mooseksen, Jeesuksen (rauhaa heille) ja Muhammadin (Jumalan rauha ja siunaukset olkoon hänen yllään). Kyseessä on yksinkertaisesti arabiankielinen sana, jonka merkitys on paljon laajempi suhteessa sen yleiseen käännökseen. Tästä huomaamme vain sen, että arabian kieli on paljon laajempi sen sanojen merkityksissä, joten uskonnollisessa terminologiassa ja lähteissä on monessa tapauksessa osuvampaa käyttää arabiankielisiä termejä, niin kauan kuin lukija tai kuuntelija ymmärtää merkityksen.

Mitä tulee islamin jumalakäsitykseen, niin islamissa lähteiden katsotaan olevat ensisijaisen tärkeässä asemassa ja sama pätee Jumalasta puhumiseen. Jumalasta valehteleminen on yksi islamin suurimmista synneistä, kuten tuli edellisessä kappaleessa ilmi.

Valehtelemiseen kuuluu myös esimerkiksi Jumalan piirtäminen, joka on ehdottoman kiellettyä ja epäkunnioittavaa oppineiden yksimielisyydellä. Mitään luomakunnasta ei voi verrata Jumalaan, sillä Hän on täysin erilainen Hänen luomakunnastaan. Eihän Hän ole edes osa luomakuntaa, jota rajoittaa ominaisuudet, kuten alku ja loppu. Allah sanoi itsestään:

لَيْسَ كَمِثْلِهِ شَيْءٌ

"Ei ole mitään Hänen kaltaistaan". (42:11)

Allah on ainutlaatuinen ja Hän, joka loi luomakunnan ei ole osa luomakuntaa.

Jumala on luomakunnan ulkopuolella ja korkealla sen yläpuolella. Hän sanoi:

ٱلرَّحْمَٰنُ عَلَى ٱلْعَرْشِ ٱسْتَوَىٰ

"Armeliain on noussut (istawaa) Hänen valtaistuimensa yläpuolelle (tavalla, joka on sopiva Hänen Majesteettisuuteensa)." (20:5)

Abdullah Ibn Naafi' raportoi, että eräs mies kysyi tästä jakeesta imaami Maalikilta sanoen:

كَيْفَ اسْتَوَى

"Miten Hän nousi?"

Maalik vastasi:

اسْتِوَاؤُهُ مَعْلُومٌ وَكَيْفِيَّتُهُ مَجْهُولَةٌ وَسُؤَالُكَ عَنْ هَذَا بِدْعَةٌ وَأَرَاكَ رَجُلَ سُوءٍ

"Hänen nousemisensa tiedostetaan, mutta sen luonne (eli miten se tapahtui) on (meille) tietämätön (aihe) ja siitä kysyminen on innovaatiota. Ja minä näen, että olet paha mies (jolla oli vahingoniloinen aikomus kysyessäsi tätä)."

(Al-Istidhkar 2/529)

Tässä tilanteessa kysyjä kuului ryhmään, jonka miehet tulivat *sunnan* ihmisten kokoontumisiin kyselemään kysymyksiä sillä aikomuksella, että he hämmentäisivät opettajia ja oppilaita ja aiheuttaisivat heidän keskuudessaan heikentymistä ja sekasortoa. Tätä ei kuitenkaan tapahtunut, sillä imaami Maalik vastasi kysymykseen, miten jokaisen tulisi vastata pysähtyen siinä, missä meidän tulisi pysähtyä ja tuo mies yksinkertaisesti poistettiin paikalta. Ibn Abdul-Barr sanoi:

أَهْلُ السُّنَّةِ مُجْمِعُونَ عَلَى الإِقْرَارِ بِالصِّفَاتِ الْوَارِدَةِ كُلِّهَا فِي الْقُرْآنِ وَالسُّنَّةِ وَالإِيمَانِ بِهَا وَحَمْلِهَا عَلَى الْحَقِيقَةِ لَا عَلَى الْمَجَازِ إِلَّا أَنَّهُمْ لَا يُكَيِّفُونَ شَيْئًا مِنْ ذَلِكَ

"Sunnan väki on yksimielinen kaikkien (Allahin) pyhien ominaisuuksien vahvistamisesta, jotka ovat Koraanissa ja sunnassa ja siitä, että niihin uskotaan ja ne ymmärretään niiden ilmeisen todellisuuden mukaisesti, eikä metaforina, mutta he eivät kysy minkään niiden luonteesta (vaikka ne vahvistetaankin sellaisina, miten ne on ilmoitettu kielellisesti)."

(Al-'Uluw lil-'Ali al-Ghaffar 1/250)

40

Koskien Allahin nimiä ja ominaisuuksia, varhaisajan muslimit olivat siis yksimielisiä siitä, että emme kuvaile millä tavalla Allah omaa näitä ominaisuuksia, joita Hän on ilmoittanut itsestään. Emme myöskään kuvaile miten Hän tekee tekojaan, joita Hän on kertonut tekevänsä. Mitään nimeä eikä ominaisuutta ei siis vertailla luotuun, eikä pidetä vertauskuvana eikä metaforana, jos sellaiselle tulkinnalle ei ole missään autenttisessa Koraanin, *sunnan* tai varhaisajan muslimien ymmärryksessä todistetta. Vahvistamme ne sen lisäksi, että nimet ja ominaisuudet Allahiin liitettynä ovat täydellisiä ja puutteettomia ja sama periaate pätee Hänen tekoihinsa. Toisin sanoen tapa, jolla Allah tekee asioita ja omaa ominaisuuksia on täydellinen tavalla, joka on sopivaa Hänen Majesteettisuuteensa ja sen enempää emme sitä selittele. Emme myöskään kysele niistä, kuten varhaisajan muslimitkaan eivät niistä kyselleet, vaan he kunnioittivat sitä, että Allah ei ole itsestään sen enempää yksityiskohtia paljastanut. Ilmoitukset Hänen nimistään ja ominaisuuksistaan ovat meille kielellisesti selkeitä ja vahvistamme ne liittämättä niihin mitään negatiivista. Sanoohan Hän:

لَهُ ٱلْأَسْمَآءُ ٱلْحُسْنَىٰ

"Hänelle kuuluu parhaimmat nimet." (59:24)

Ja Hän sanoi:

ٱللَّهُ ٱلصَّمَدُ

"Allah - as-Samad (Täydellinen ja Riippumaton, jota kaikki olennot tarvitsevat)." (112:2)

Aloittelijan on tärkeintä muistaa, että Allah on ainutlaatuinen, Täydellinen ja puutteeton, luomakunnan ulkopuolella, Verraton, Kaikkitietävä, Mahtava ja Hänellä ei ole kumppania, vertaista eikä jälkeläistä. Allah sanoo itsestään:

قُلْ هُوَ ٱللَّهُ أَحَدٌ

"Sano: `Hän on Jumala, (ja Hän on) Yksi,

ٱللَّهُ ٱلصَّمَدُ

Täydellinen (ja muista riippumaton) Jumala (jota kaikki olennot tarvitsevat).

لَمْ يَلِدْ وَلَمْ يُولَدْ

Hän ei ole synnyttänyt eikä Häntä olla synnytetty.

وَلَمْ يَكُن لَّهُۥ كُفُوًا أَحَدٌۢ

Ja ei ole ketään Hänen vertaistaan.'" (112:1-4)

Ja Hän sanoo:

ٱللَّهُ لَا إِلَٰهَ إِلَّا هُوَ ٱلْحَيُّ ٱلْقَيُّومُ

"Allaah (Jumala), ei ole muuta palvonnan arvoista kuin Hän - Elävä, kaikkeuden riippumaton Ylläpitäjä."

(2:255)

إِنَّ رَبَّكَ عَلِيمٌ حَكِيمٌ

"Totisesti, Valtiaasi on Kaikkitietävä, Viisain." (12:6)

Allahin tunteminen ja Hänen nimien ja ominaisuuksien opiskeleminen auttaa meitä rakastamaan Häntä, tavoittelemaan Hänen tyytyväisyyttään ja haluamaan olla tottelevaisia Häntä kohtaan.

Ibn al-Qayyim sanoi:

من أعجب الأشياء أن تعرف الله ثم لا تحبه وأن تحبه ثم لا تطيعه

"Kummallisimmista asioista on se, että tunnet (tai tiedät) Allahin, mutta et rakasta Häntä ja se, että rakastat Häntä, mutta et ole tottelevainen Hänelle."

(Kitaab al-fawaaid li-ibn al-Qayyim al-Jawziiah)

42

Monoteismin eri muodot

Koska islam on ainoa monoteistinen uskonto, niin oppineet ovat koonneet Koraanista ja *sunnasta* kolme eri monoteismin tyyppiä, joita määrätään laittamaan käytäntöön. Näiden mukaan eläminen on vasta monoteismia ja jos näistä jotakin rinnastaa muille kuin Jumalalle, niin henkilö ei ole enää monoteisti, vaan polyteisti, epäjumalanpalvoja ja epäuskovainen.

Jotta monoteismi toteutuisi, niin palvelija osoittaa palvonnan kohteekseen jokaisessa palvonnan eri muodoissa, kuten rukouksessa, pyyntörukouksessa, uhraamisessa jne. vain ja ainoastaan Jumalan. Monoteismia harjoitetaan ymmärtämällä nämä kolme asiaa kattavasti sydämessä, kielessä ja teoissa:

1. Jumala ainoastaan ansaitsee, että Häntä palvotaan. Mitään palvonnantekoja ei kohdisteta mihinkään eikä kehenkään muuhun, edes profeetoille.

Tätä kutsutaan monoteismiksi palvonnassa (*Ät-Tawhiid Äl-Ubudiyyäh*).

2. Jumala on ainoa Valtias, Luoja, kaikkien asioiden Kontrolloija, Ylläpitäjä ja Hänellä on voima kaiken yllä. Kaikki ovat täysin riippuvaisia Hänestä, mutta Hän ei ole riippuvainen kenestäkään.

Tätä kutsutaan monoteismiksi Valtiudessa ja sen tunnustamisessa (*Ät-Tawhiid Är-Rububiyyäh*).

3. Jumala ainoastaan omaa absoluuttisen täydellisiä ominaisuuksia, joita Hän on paljastanut meille ainutlaatuisten nimien lisäksi. Hän on täysin virheetön. Ketään eikä mitään ei voi verrata Jumalaan.

Tätä kutsutaan monoteismiksi Jumalan nimissä ja ominaisuuksissa (*Ät-Tawhiid Äl-Äsmää' wäs-Sifäät*).

Nämä kolme muotoa on juonnettu Koraanista ja *sunnasta* ja niistä on mainittu mm. Ibn al-Utheymiinin *Kitaab at-tawhiidin* (Monoteismin kirjan) *sharhissa*, eli selityksessä.

Kaikkien näiden kolmen tunnustaminen tulee näkyä islamin mukaan muslimin elämässä sisäisesti ja ulkoisesti, jos haluamme antautua Luojamme täydelliseen ja ansaitsemaan tahtoon.

Allah sanoo palvomisesta:

يَا أَيُّهَا النَّاسُ اعْبُدُوا رَبَّكُمُ الَّذِي خَلَقَكُمْ وَالَّذِينَ مِن قَبْلِكُمْ لَعَلَّكُمْ تَتَّقُونَ الَّذِي جَعَلَ لَكُمُ الْأَرْضَ فِرَاشًا وَالسَّمَاءَ بِنَاءً وَأَنزَلَ مِنَ السَّمَاءِ مَاءً فَأَخْرَجَ بِهِ مِنَ الثَّمَرَاتِ رِزْقًا لَّكُمْ فَلَا تَجْعَلُوا لِلَّهِ أَندَادًا وَأَنتُمْ تَعْلَمُونَ

"Oi ihmiset, palvokaa Valtiastanne - joka loi teidät ja nuo, jotka olivat ennen teitä - jotta teistä tulisi kiitollisia. Häntä (palvokaa), joka teki maan teille lepopaikaksi ja taivaan kanneksi ja lähetti alas vettä taivaalta ja sitten toi esiin hedelmät (kasveista) elantona teille. Älkää asettako vertaisia Jumalalle sillä aikaa, kun te tiedätte paremmin."
(2:21-22)

Profeetan ﷺ seuralainen Ibn Abbas sanoi:

اللَّهِ ذُو الْأُلُوهِيَّةِ وَالْمَعْبُودِيَّةِ عَلَى خَلْقِهِ أَجْمَعِينَ

"Jumala on ainoa, joka omistaa pyhyyttä ja oikeutta tulla palvotuksi ylitse kaiken Hänen luomansa." (*Tafsiir at-Tabari* 1:1)

Ja Allah sanoi:

فَمَن كَانَ يَرْجُو لِقَاءَ رَبِّهِ فَلْيَعْمَلْ عَمَلًا صَالِحًا وَلَا يُشْرِكْ بِعِبَادَةِ رَبِّهِ أَحَدًا

"Kuka ikinä toivoo Valtiaansa tapaamista, suorittakoon hän hurskaita tekoja ja olkoon hän liittämättä ketään hänen Valtiaaseensa palvonnassa." (18:110)

Abu Huraira raportoi, että Jumalan sanansaattaja ﷺ sanoi:

قَالَ اللَّهُ تَبَارَكَ وَتَعَالَى أَنَا أَغْنَى الشُّرَكَاءِ عَنِ الشِّرْكِ مَنْ عَمِلَ عَمَلًا أَشْرَكَ فِيهِ مَعِي غَيْرِي تَرَكْتُهُ وَشِرْكَهُ

"Jumala, Kaikkivaltias sanoi: 'Minulla ei ole tarvetta yhdellekään kumppanille. Kuka ikinä tekee teon, johon hän liittää muita rinnalleni, niin Minä tulen hylkäämään hänet ja sen, minkä hän asetti vertaisekseni."
(*Sahih Muslim* 2985)

Ja Allah sanoi:

إِنَّ اللَّهَ لَا يَغْفِرُ أَن يُشْرَكَ بِهِ وَيَغْفِرُ مَا دُونَ ذَٰلِكَ لِمَن يَشَاءُ ۚ وَمَن يُشْرِكْ بِاللَّهِ فَقَدِ افْتَرَىٰ إِثْمًا عَظِيمًا

"Totisesti, Jumala ei anna anteeksi kenellekään, joka asettaa Hänen rinnalleen vertaisia (ellei henkilö ehdi katua tätä), mutta Hän antaa anteeksi - kenelle Hän tahtoo - sen, mikä on vähemmän kuin se. Kuka ikinä asettaa vertaisia Jumalan rinnalle, on tehnyt suuren synnin." (4:48)

Ja Hän sanoo Valtiuudestaan ja Luojuudestaan:

إِنَّ رَبَّكُمُ اللَّهُ الَّذِي خَلَقَ السَّمَاوَاتِ وَالْأَرْضَ فِي سِتَّةِ أَيَّامٍ ثُمَّ اسْتَوَىٰ عَلَى الْعَرْشِ يُغْشِي اللَّيْلَ النَّهَارَ يَطْلُبُهُ حَثِيثًا وَالشَّمْسَ وَالْقَمَرَ وَالنُّجُومَ مُسَخَّرَاتٍ بِأَمْرِهِ ۗ أَلَا لَهُ الْخَلْقُ وَالْأَمْرُ ۗ تَبَارَكَ اللَّهُ رَبُّ الْعَالَمِينَ

"Totisesti, Valtiaanne on Allah (ainoa palvomisen arvoinen Jumala), joka on luonut taivaat ja maan kuudessa päivässä, jonka jälkeen Hän nousi valtaistuimen yläpuolelle. Hän peittää yön päivällä, joka jahtaa sitä nopeasti. Ja aurinko, kuu sekä tähdet ovat alistettuja Hänen käskylleen. Totisesti, Hänen on luomakunta ja käsky. Siunattu on Allah, Maailmojen Valtias." (7:54)

Ja Hän sanoi:

وَاللَّهُ عَلَىٰ كُلِّ شَيْءٍ قَدِيرٌ

"Ja Allah on kaikkien asioiden yllä Kaikkivaltias." (2:284)

Ja Hän sanoi:

وَاللَّهُ الْغَنِيُّ وَأَنتُمُ الْفُقَرَاءُ

"Ja Allah on Itsenäinen ja te olette riippuvaisia." (47:38)

Ja Hän sanoi:

إِنَّ فِي خَلْقِ السَّمَاوَاتِ وَالْأَرْضِ وَاخْتِلَافِ اللَّيْلِ وَالنَّهَارِ لَآيَاتٍ لِّأُولِي الْأَلْبَابِ الَّذِينَ يَذْكُرُونَ اللَّهَ قِيَامًا وَقُعُودًا وَعَلَىٰ جُنُوبِهِمْ وَيَتَفَكَّرُونَ فِي خَلْقِ السَّمَاوَاتِ وَالْأَرْضِ رَبَّنَا مَا خَلَقْتَ هَٰذَا بَاطِلًا سُبْحَانَكَ فَقِنَا عَذَابَ النَّارِ

"Totisesti, taivaiden ja maan luomakunnassa sekä yön ja päivän vaihtelussa on todisteita (ja merkkejä) niille, joilla on ymmärrystä. Niille, jotka muistavat Allahia seistessään, istuessaan ja maatessaan kyljillään ja miettivät syvästi taivasten ja maan luomista (sanoen) : 'Valtiaamme, Sinä et ole luonut tätä turhaan. Kunnia olkoon Sinulle. Suojele meitä tulen rangaistukselta.'" (3:190-191)

Ja Hän sanoi:

كَيْفَ تَكْفُرُونَ بِاللَّهِ وَكُنتُمْ أَمْوَاتًا فَأَحْيَاكُمْ ثُمَّ يُمِيتُكُمْ ثُمَّ يُحْيِيكُمْ ثُمَّ إِلَيْهِ تُرْجَعُونَ

"Miten voitte epäuskoa Jumalaan sillä aikaa, kun olitte elottomia ja Me annoimme teille elämän? Sen jälkeen te tulette kuolemaan ja teidät tullaan tuomaan takaisin eloon ja palauttamaan Hänen luokseen." (2:28)

Ja Hän sanoo nimistään ja ominaisuuksistaan:

اللَّهُ لَا إِلَهَ إِلَّا هُوَ لَهُ الْأَسْمَاءُ الْحُسْنَى

"(Ainoa, palvomisen arvoinen) Jumala, ei ole muuta jumalaa kuin Hän. Hänelle kuuluu parhaat nimet." (20:8)

Ja Hän sanoo:

لَيْسَ كَمِثْلِهِ شَيْءٌ

"Ei ole mitään Hänen kaltaistaan". (42:11)

Ja Hän sanoo:

هُوَ اللَّهُ الَّذِى لَا إِلَهَ إِلَّا هُوَ

"Hän on (Ainoa) Jumala (Allah), eikä ole muuta jumalaa kuin Hän". (59:22)

Ja Hän sanoo:

ذَلِكَ بِأَنَّ اللَّهَ هُوَ الْحَقُّ وَأَنَّ مَا يَدْعُونَ مِن دُونِهِ هُوَ الْبَاطِلُ وَأَنَّ اللَّهَ هُوَ الْعَلِيُّ الْكَبِيرُ

"Tuo on koska Hän - Allah - on Totuus ja mitä ikinä kutsutaan Hänen sijastaan (tai vertaisenaan) on valheellisuutta ja totisesti Allah on Korkein, Mahtavin." (22:62)

Ja Hän sanoo:

لَهُ مَا فِى السَّمَاوَاتِ وَمَا فِى الْأَرْضِ وَإِنَّ اللَّهَ لَهُوَ الْغَنِيُّ الْحَمِيدُ

"Hänelle kuuluu kaikki mitä on taivaissa ja maassa. Totisesti Allah yksin on muista Riippumaton, Ylistyksen arvoinen." (22:65)

Ja Hän sanoo:

ٱللَّهُ لَا إِلَٰهَ إِلَّا هُوَ ٱلْحَىُّ ٱلْقَيُّومُ

"Allahin lisäksi ei ole muuta jumalaa kuin Hän - Ikuisesti elävä, muista riippumaton Ylläpitäjä." (2:255)

Ja Hän sanoo:

إِنَّهُ سَمِيعٌ قَرِيبٌ

"Hän on totisesti Kuuleva, lähellä Oleva (tavalla, että Hän kuulee ja näkee kaiken)." (34:50)

Ja Hän sanoo:

إِنَّهُ حَمِيدٌ مَّجِيدٌ

"Totisesti, Hän on kaiken ylistyksen arvoinen, Ylistetty." (11:73)

Ja Hän sanoo:

هُوَ ٱللَّهُ ٱلَّذِى لَا إِلَٰهَ إِلَّا هُوَ ٱلْمَلِكُ ٱلْقُدُّوسُ ٱلسَّلَٰمُ ٱلْمُؤْمِنُ ٱلْمُهَيْمِنُ ٱلْعَزِيزُ ٱلْجَبَّارُ ٱلْمُتَكَبِّرُ

"Hän on Allah - jonka lisäksi ei ole muuta jumalaa - Suvereeni Kuningas, Pyhä, Täydellinen, turvallisuuden Myöntäjä, Luotettava Suojelija, Kaikkivaltias (ja Kunnioitetuin), kaiken yläpuolella oleva Voima, Täydellisesti Ylevin." (59:23)

Ja Hän sanoo:

وَلَمْ يَكُن لَّهُ كُفُوًا أَحَدٌ

"- - eikä ole ketään Hänen vertaistaan." (112:4)

Miksi pahuutta on olemassa?

Allahin kaikkitietävyyden ymmärtäminen auttaa meitä ymmärtämään sen, että Allah sallii pahojen asioiden tapahtua vain sen hyvän ansiosta, jota siitä seuraa. Hän ei salli pahuuden tapahtua vain sen pahuuden vuoksi, vaan jokaisessa asiassa on aina jokin viisaus ja hyöty takana, vaikka me emme sitä näkisi.

Allah sanoo:

إِنَّ رَبَّكَ عَلِيمٌ حَكِيمٌ

"Totisesti, Valtiaasi on Kaikkitietävä, Viisain." (12:6)

Hän tietää asioita, joita me emme tiedä emmekä ymmärrä. Osan asioista voimme ymmärtää ja oivaltaa niiden viisauksia, mutta emme kuitenkaan kaikkia asioita. Jopa enkeleiltä Allah pitää salassa asioita, kuten silloin, kun enkelit kysyivät Allahilta pahuudesta, mitä ihmisen luomisesta aiheutuisi:

أَتَجْعَلُ فِيهَا مَن يُفْسِدُ فِيهَا وَيَسْفِكُ ٱلدِّمَآءَ وَنَحْنُ نُسَبِّحُ بِحَمْدِكَ وَنُقَدِّسُ لَكَ

"Aiotko asettaa sinne (maan päälle) sellaisen (luomuksen), joka tulee aiheuttamaan korruptiota ja vuodattamaan verta, sillä aikaa, kun me ylistämme ja tunnustamme Täydellisyyttäsi?"

Allah vastasi heille:

إِنِّى أَعْلَمُ مَا لَا تَعْلَمُونَ

"Totisesti, Minä tiedän jotain, mitä te ette tiedä." (2:30)

Muslimin on siis muistettava, että Allahin tieto on suurempi kuin meidän ja Hän tietää jotain, mitä me emme tiedä. Kaikkien asioiden takana on siis viisaus ja tämä on jotain, mitä muslimi vahvistaa. Profeetta ﷺ jopa sanoi:

مَا يُصِيبُ الْمُؤْمِنَ مِنْ شَوْكَةٍ فَمَا فَوْقَهَا إِلَّا رَفَعَهُ اللَّهُ بِهَا دَرَجَةً أَوْ حَطَّ عَنْهُ بِهَا خَطِيئَةً

"Mikään ei satuta uskovaista, olisi se sitten piikki tai jotain suurempaa paitsi, että Jumala tulee nostamaan henkilön asemaa (tuonpuoleisessa) asteella tai pyyhkimään tältä pois synnin."

(Sahih al-Bukhari 5640, Sahih Muslim 2572)

Jos pahuutta aiheutti toinen ihminen, niin hän tulee saamaan oikeudenmukaisesti tältä tuonpuoleisessa korvauksen.

Profeetta ﷺ sanoi:

مَنْ كَانَتْ لَهُ مَظْلَمَةٌ لِأَخِيهِ مِنْ عِرْضِهِ أَوْ شَيْءٍ فَلْيَتَحَلَّلْهُ مِنْهُ الْيَوْمَ قَبْلَ أَنْ لَا يَكُونَ دِينَارٌ وَلَا دِرْهَمٌ إِنْ كَانَ لَهُ عَمَلٌ صَالِحٌ أُخِذَ مِنْهُ بِقَدْرِ مَظْلَمَتِهِ وَإِنْ لَمْ تَكُنْ لَهُ حَسَنَاتٌ أُخِذَ مِنْ سَيِّئَاتِ صَاحِبِهِ فَحُمِلَ عَلَيْهِ

"Kuka ikinä tekee vääryyttä veljeään (tai siskoaan) kohtaan loukaten toisen kunniaa tai (tehden) mitään muuta vääryyttä (toista kohtaan), tulisi selvittää asia tänään, ennen kuin sitä ei voi enää selvittää kultaisilla tai hopeilla kolikoilla. Jos hänellä (pahantekijällä) on hyviä tekoja (tuomiopäivänä) hänen kirjassaan, ne tullaan ottamaan häneltä oikeudenmukaisen mitan mukaan (ja ne tullaan antamaan hänelle, jota hän alisti). Jos hänellä ei ole hyviä tekoja jäljellä, hänelle tullaan antamaan hänen huonoista teoista, joita kohtaan hän teki vääryyttä." (*Sahih al-Bukhari* 2317)

Viisauksia, joita pahasta tapahtumasta tai tilanteessa voimme käsittää ovat mm:

*   Se voi muistuttaa meitä olemaan nöyriä.
*   Se voi muistuttaa, että tämä maailma ei ole täydellinen eikä ikuinen asuinpaikkamme.
*   Se voi muistuttaa meitä elämän tarkoituksesta ja voi olla herätys kuoleman todellisuudesta.
*   Se voi herättää meitä kääntymään katumukseen ja hyviin tekoihin.
*   Se voi kääntää meidät palvomaan Jumalaa.
*   Se voi opettaa meille jotain.
*   Se voi olla jollekin toiselle hyödyllistä.
*   Se voi nostaa asemaamme ja lisätä palkkiotamme paratiisissa.
*   Sen kautta voimme saada syntejämme anteeksi ja pelastua tuonpuoleisen rangaistukselta.
*   Se voi ohjata meidän elämämme parempaan suuntaan.
*   Se voi opettaa meitä arvostamaan siunauksia ja olemaan kiitollisia niistä.
*   Se voi olla opetus jollekin toiselle ihmiselle, joka sitä tarvitsi.
*   Se voi muistuttaa meitä olemaan kiitollisia siitä, että pahemminkin olisi voinut käydä.
*   Se voi olla jotain, mikä suojeli meitä joltain pahemmalta.
*   Se voi olla asia, jonka kautta Allah päästää meidät paratiisiin.

Tuleeko sinulle mieleen jotain muuta?

Entä jos lapsi kuolee?

Jos lapsi kuolee, niin tällainen katastrofi on suuri koettelemus vanhemmille, mutta se voi olla jotain, mikä johdattaa heitä lähemmäs Jumalaa. Tilanteessa on muitakin viisauksia, joihin voi kuulua esimerkiksi se, että kenties maailma olisi ollut liian julma tälle lapselle ja muitakin viisauksia ihminen saattaa pohtia mahdolliseksi. Tällä voi olla merkittävä vaikutus vanhemman elämään, joka osoittautuu asiaksi, jonka kautta vanhempi tai perheenjäsen päätyykin paratiisiin.

Mitä tulee lapseen, joka kuoli ollessaan vielä teoistaan ei-vastuussa oleva (alle murrosikäinen), niin oppineet pitävät häntä paratiisin ihmisten joukossa olevana muslimina. Tämä on siksi, että profeetan ﷺ on raportoitu nähneen uni, jossa hänelle sanottiin:

وَأَمَّا الرَّجُلُ الطَّوِيلُ الَّذِي فِي الرَّوْضَة فَإِنَّهُ إِبْرَاهِيمُ صلى الله عليه وسلم وَأَمَّا الْوِلْدَانُ الَّذِينَ حَوْلَهُ فَكُلُّ مَوْلُودٍ مَاتَ عَلَى الْفِطْرَةِ

"Ja mitä tulee pitkään mieheen, joka oli puutarhassa, niin hän on Ibrahiim (Aabraham) ﷺ ja mitä tulee lapsiin, jotka olivat hänen ympärillään, niin jokainen heistä kuoli *fitrah*-tilassa (ennen murrosikää)."

Samura bin Jundub sanoi:

فَقَال بَعْضُ الْمُسْلِمِينَ يَا رَسُولَ اللَّه وَأَوْلَادُ الْمُشْرِكِينَ فَقَالَ رَسُولُ اللَّهِ صلى الله عليه وسلم " وَأَوْلَادُ الْمُشْرِكِينَ".

"Sitten jotkut muslimit sanoivat: 'Oi Allahin sanansaattaja, entä epäjumalanpalvojien lapset?' Joten Jumalan sanansaattaja ﷺ sanoi: 'Ja (myös) epäjumalanpalvojien lapset.'" (*Sahih al-Bukhari* 7047)

Entä jos vastuun iässä oleva ihminen ei koskaan kuule islamista?

Tällaista henkilöä, joka ei koskaan kuullut islamista tullaan testaamaan tuomiopäivänä, vaikka Allah tietää kuka johdatuksen olisi valinnut maan päällä ja kuka ei. Al-Aswad ibn Sari' raportoi, että profeetta ﷺ sanoi kuuron, joka ei saa tietoa islamista, vammaisen, vanhuudenhöperön ja ennen viestin kuulemista kuolleen tilanteesta tuomiopäivänä:

فَيَأْخُذُ مَوَائِيقَهُمْ لَيُطِيعُنَّهُ فَيُرْسِلُ إِلَيْهِمْ أَنْ ادْخُلُوا النَّارَ قَالَ فَوَالَّذِي نَفْسُ مُحَمَّدٍ بِيَدِهِ لَوْ دَخَلُوهَا لَكَانَتْ عَلَيْهِمْ بَرْدًا وَسَلَامًا

"Joten Hän (Allah) ottaa heiltä lupauksen, että he tottelevat Häntä ja Hän lähettää heille (käskyn), että heidän tulee astua tuleen." Hän (eli profeetta ﷺ) sanoi: "Kautta Hänen, jonka kädessä on Muhammadin sielu, jos he astuvat sinne, niin totisesti se tulee olemaan heille kylmä ja rauhallinen." (*Musnad Ahmad* 16301, *sahih* al-Albanin mukaan)

Islamilainen ymmärrys ihmisen olemassaolon aikajanasta

Islamilainen ymmärrys ihmisen olemassaolon aikajanasta sisältää monia eri vaiheita, joista osan käsittelimme jo edellisissä kappaleissa. Tässä kappaleessa kuitenkin tiivistetään tärkein kokonaiskuva tapahtumien kulusta.

On tärkeää muistuttaa ennen tätä, että Allah ei ole osa luomakuntaa, eikä Häntä rajoita alku, loppu, eikä Hän ole luomakuntansa kaltainen.

Koska tämä kirja on tiivistelmä islamin perusasioista, niin nämä vaiheet ovat lueteltu tähän myös tiivistelmänä.

 **1. Allah oli ja on olemassa ilman alkua ja loppua ja Hän on luomakunnan ulkopuolella.**

Hän määräsi kohtalon 50 000 vuotta ennen kuin Hän loi taivaat ja maan.

ٱللَّهُ لَا إِلَٰهَ إِلَّا هُوَ ٱلْحَيُّ ٱلْقَيُّومُ

*"Allahin lisäksi ei ole muuta jumalaa kuin Hän - **Ikuisesti elävä**, muista riippumaton **Ylläpitäjä**."* (2:255)

لَمْ يَلِدْ وَلَمْ يُولَدْ

*"Hän ei ole synnyttänyt, **eikä Hän ole syntynyt.***

وَلَمْ يَكُن لَّهُ كُفُوًا أَحَدٌ

Ja ei ole ketään samankaltaista kuin Hän." (112:3-4)

Profeetta ﷺ sanoi:

كَتَبَ اللَّهُ مَقَادِيرَ الْخَلَائِقِ قَبْلَ أَنْ يَخْلُقَ السَّمَوَاتِ وَالأَرْضَ بِخَمْسِينَ أَلْفَ سَنَةٍ - قَالَ - وَعَرْشُهُ عَلَى الْمَاءِ

"Allah kirjoitti luotujen kohtalon 50 000 vuotta ennen kuin Hän loi taivaat ja maan." Ja hän sanoi: **"Ja Hänen valtaistuimensa oli veden päällä."**

(*Sahih Muslim* 2653)

2. Allah loi mm. seitsemän taivasta, erilaisia luomuksia sekä maan tavalla, joka on meille tuntematon.

Tapaa, miten maailma on saanut aikaansa ei voida vahvistaa, sillä menneisyys kuuluu näkymättömään maailmaan. Jokainen muslimi kuitenkin vahvistaa, että maailma ei ole syntynyt tyhjästä eikä itsestään - varsinkaan sattumalta, vaan kaiken takana on Allah, joka ei ole osa luomakuntaa.

يَا أَيُّهَا النَّاسُ اعْبُدُوا رَبَّكُمُ الَّذِي خَلَقَكُمْ وَالَّذِينَ مِن قَبْلِكُمْ لَعَلَّكُمْ تَتَّقُونَ

"Oi ihmiset, palvokaa Valtiastanne, joka loi teidät ja nuo, jotka olivat ennen teitä, jotta teistä tulisi tietoisia Allahista.

الَّذِي جَعَلَ لَكُمُ الْأَرْضَ فِرَاشًا وَالسَّمَاءَ بِنَاءً وَأَنزَلَ مِنَ السَّمَاءِ مَاءً فَأَخْرَجَ بِهِ مِنَ الثَّمَرَاتِ رِزْقًا لَّكُمْ ۖ فَلَا تَجْعَلُوا لِلَّهِ أَندَادًا وَأَنتُمْ تَعْلَمُونَ

(Se on) Hän, joka teki maan teille lepopaikaksi ja taivaan kanneksi ja lähetti alas vettä taivaalta ja sitten toi sillä esiin hedelmät elantona teille. Joten älkää asettako vertaisia Allahille sillä aikaa, kun te tiedätte (paremmin)."
(2:21-22)

3. Allah loi ihmisen ja kaikkien ihmisten sielut ja Hän teki liiton heidän kanssaan, sillä ihminen oli halukas ottamaan vastaan testin, jossa hän eläisi maan päällä vastuussa omista teoistaan.

Ihminen otti vastaan testin, jossa hän saisi palkkiota, jos hän tekisi hyvää ja tulisi rangaistuksi, jos hän epäonnistuisi. Jokainen ihminen unohti tämän, kuten kävimme jo läpi liittoa koskevassa kappaleessa.

4. Profeetta Aadamin (rauhaa hänelle) aikana käskettiin ihmisiä hyvään ja kiellettiin paha.

Aadam toimi profeettana maan päällä käskien ihmisiä hyvään ja kieltäen pahaa ja hän muistutti jälkeläisiään tämän maailman testistä, monoteismista sekä hyvästä ja pahasta. Aadamin tarinasta mainitaan Koraanin monessa eri jakeessa. Allah sanoi:

قَالَ فِيهَا تَحْيَوْنَ وَفِيهَا تَمُوتُونَ وَمِنْهَا تُخْرَجُونَ

"Siellä te tulette elämään ja kuolemaan ja teidät tullaan ylösnostamaan." (7:25)

5. Aadamin jälkeen Allah lähetti ilmoituksia uusille profeetoille ja sanansaattajille, jotta he muistuttaisivat ihmisiä.

Jokainen profeetta kutsui monoteismiin ja osalle ilmoitettiin oma kirja, kuten Aabrahamille kääröt, Moosekselle Toora, Daavidille Psalmit ja Jeesukselle Evankeliumi (rauhaa heille). Allah sanoi:

وَلَقَدْ بَعَثْنَا فِي كُلِّ أُمَّةٍ رَّسُولًا

"Ja totisesti, Me olemme lähettäneet jokaiseen kansaan sanansaattajan (sanomaan):

أَنِ اعْبُدُوا اللَّهَ وَاجْتَنِبُوا الطَّاغُوتَ

'Palvokaa Allahia ja hylätkää (kaikki muut) palvonnan kohteet (at-taghuut).'"
(16:36)

Allah ei ole ilmoittanut meille edellisten profeettojen eikä kirjojen tarkkaa määrää. Hän sanoi:

وَرُسُلًا قَدْ قَصَصْنَاهُمْ عَلَيْكَ مِن قَبْلُ وَرُسُلًا لَّمْ نَقْصُصْهُمْ عَلَيْكَ

"Ja Me olemme lähettäneet sanansaattajia, joista totisesti Me olemme ilmoittaneet (heidän tarinoitaan ja nimiään) teille aikaisemmin sekä sanansaattajia, joista Me emme ole ilmoittaneet teille." (4:164)

Joitakin Allahin profeettoja ja kirjoja on kuitenkin mainittu Koraanissa ja näihin kirjoihin kuuluu:

1. Toora ja Evankeliumi

نَزَّلَ عَلَيْكَ الْكِتَابَ بِالْحَقِّ مُصَدِّقًا لِّمَا بَيْنَ يَدَيْهِ وَأَنزَلَ التَّوْرَاةَ وَالْإِنجِيلَ

"Hän on lähettänyt sinulle (Muhammad) Kirjan (Koraanin) totuudella, vahvistaen sen, mitä oli ennen sitä. Ja Hän lähetti alas Tooran ja Evankeliumin." (3:3)

2. Psalmit

وَآتَيْنَا دَاوُدَ زَبُورًا

"- - Ja Me annoimme Daavidille Psalmit." (17:55)

3. Aabrahamin kääröt

إِنَّ هَـٰذَا لَفِى ٱلصُّحُفِ ٱلْأُولَىٰ

"Totisesti, tämä on mainittu edellisissä kirjoituksissa:

صُحُفِ إِبْرَٰهِيمَ وَمُوسَىٰ

Aabrahamin kääröissä ja Mooseksen." (87:18-19)

Allahin sanansaattaja ﷺ sanoi:

أُنْزِلَتْ صُحُفُ إِبْرَاهِيمَ عَلَيْهِ السَّلَام فِي أَوَّلِ لَيْلَةٍ مِنْ رَمَضَانَ وَأُنْزِلَتْ التَّوْرَاةُ لِسِتٍّ مَضَيْنَ مِنْ رَمَضَانَ وَالْإِنْجِيلُ لِثَلَاثَ عَشْرَةَ خَلَتْ مِنْ رَمَضَانَ وَأُنْزِلَ الْفُرْقَانُ لِأَرْبَعٍ وَعِشْرِينَ خَلَتْ مِنْ رَمَضَانَ

"Aabrahamin, rauhaa hänelle, kääröt lähetettiin alas ramadanin ensimmäisenä yönä ja Toora lähetettiin alas, kun kuusi yötä ramadania oli kulunut ja Injiil (Jeesuksen Evankeliumi) lähetettiin alas, kun kolmetoista yötä ramadania oli kulunut ja Furqaan (Koraani) lähetettiin alas (Allahin luota ensimmäiseen taivaaseen), kun kaksikymmentäneljä yötä ramadania oli kulunut."

(*Musnad Ahmad* 16536, *sahih* al-Albaanin mukaan)

Ja hän ﷺ sanoi:

لَا تُصَدِّقُوا أَهْلَ الْكِتَابِ وَلَا تُكَذِّبُوهُمْ وَقُولُوا آمَنَّا بِاللَّهِ وَمَا أُنْزِلَ إِلَيْنَا وَمَا أُنْزِلَ إِلَى إِبْرَاهِيمَ وَإِسْمَاعِيلَ وَإِسْحَاقَ وَيَعْقُوبَ وَالْأَسْبَاطِ وَمَا أُوتِيَ مُوسَىٰ وَعِيسَىٰ وَمَا أُوتِيَ النَّبِيُّونَ مِن رَّبِّهِمْ لَا نُفَرِّقُ بَيْنَ أَحَدٍ مِّنْهُمْ وَنَحْنُ لَهُ مُسْلِمُونَ

"Älkää uskoko Kirjan ihmisiin, älkääkä epäuskoko heihin. *Sanokaa: 'Me uskomme Allahiin ja siihen, mitä on lähetetty alas meille ja mitä on lähetetty alas Aabrahamille, Ismaelille, Iisakille, Jaakobille ja Jaakobin jälkeläisille ja siihen, mitä on annettu Moosekselle ja Jeesukselle ja siihen, mitä on annettu profeetoille heidän Valtiaaltaan. Me emme tee erotusta heidän välilleen ja me olemme Allahin tahtoon antautuneita (muslimeita).* (2:136)'"

(*Sahih al-Bukhari* 4485)

6. Viimeinen profeetta, Muhammad (ﷺ) sai ilmoituksen ja lain, joka tuli kumoamaan edelliset lait.

Muhammadille ﷺ ilmoitettiin Koraani, joka tuli kumoamaan edelliset kirjoitukset, jotka eivät säilyneet.

Allah sanoi:

هَـٰذَا نَذِيرٌ مِّنَ ٱلنُّذُرِ ٱلْأُولَىٰ

"Hän (Muhammad) on varoittaja, niin kuin aikaisemmatkin varoittajat."
(53:56)

Profeetta ﷺ sanoi:

وَكَانَ ٱلنَّبِيُّ يُبْعَثُ إِلَى قَوْمِهِ خَاصَّةً، وَبُعِثْتُ إِلَى ٱلنَّاسِ كَافَّةً

"Ja (muut) profeetat lähetettiin erityisesti heidän omille kansoilleen, mutta minut on lähetetty koko ihmiskunnalle." (*Sahih al-Bukhari* 438)

Ja Allah sanoi:

نَزَّلَ عَلَيْكَ ٱلْكِتَـٰبَ بِٱلْحَقِّ مُصَدِّقًا لِّمَا بَيْنَ يَدَيْهِ وَأَنزَلَ ٱلتَّوْرَىٰةَ وَٱلْإِنجِيلَ

"Hän on lähettänyt sinulle (Muhammad) Kirjan (Koraanin) totuudella, vahvistaen sen, mitä oli ennen sitä. Ja Hän lähetti alas Tooran ja Evankeliumin." (3:3)

Ja Hän sanoi:

مَّا كَانَ مُحَمَّدٌ أَبَا أَحَدٍ مِّن رِّجَالِكُم

"Muhammad ei ole kenenkään isä teidän miestenne joukosta,

وَلَـٰكِن رَّسُولَ ٱللَّهِ وَخَاتَمَ ٱلنَّبِيِّـۧنَ

vaan hän on Allahin sanansaattaja ja profeettojen sinetti (eli viimeinen profeetta)."
(33:40)

Ja Hän sanoi:

وَأَنزَلْنَآ إِلَيْكَ ٱلْكِتَـٰبَ بِٱلْحَقِّ مُصَدِّقًا لِّمَا بَيْنَ يَدَيْهِ مِنَ ٱلْكِتَـٰبِ وَمُهَيْمِنًا عَلَيْهِ

"Me lähetimme alas sinulle (Muhammad) Kirjan (Koraanin) totuudella, vahvistaen, mitä oli ennen sitä Hänen Kirjoistaan ja kumoamaan ne (luotettavana todistajana)." (5:48)

7. Muhammadin ﷺ saama laki ja *sunnah* jäi ihmisille seurattavaksi tuomiopäivään saakka.

Allah määräsi meidän seurata ei vain Häntä, mutta myös Hänen sanansaattajaansa ﷺ.

يَٰٓأَيُّهَا ٱلَّذِينَ ءَامَنُوٓاْ أَطِيعُواْ ٱللَّهَ وَأَطِيعُواْ ٱلرَّسُولَ

"Oi te, jotka uskotte, totelkaa Jumalaa ja totelkaa sanansaattajaa." (4:59)

8. Kuolleet elävät haudan elämää ja viimeisen päivän alkaessa tuomio lähestyy.

Haudan elämästä ja siellä tapahtuvista tapahtumista löytyy paljon tekstejä Koraanista ja *sunnasta*. Kuoleman ja tuomiopäivän välistä elämää sanotaan *al-Barzakh* (intervalli/aika/jakaja) -ajaksi, jota yleensä kutsutaan haudan elämäksi. Tuo elämä tulee olemaan erilaista kuin tämä maailma sieluillemme ja jo sen aikana ihmistä joko palkitaan tai rangaistaan heidän teoistaan.

Haudan elämän luonne sekä sielu ovat osa näkymätöntä maailmaa, josta ei ole paljastettu paljoa. Meille on kuitenkin ilmoitettu, että ihmiset tulevat saamaan joko rangaistuksia tai onnellisuutta tuona aikana riippuen heidän teoistaan. Myös tiettyjä tapahtumia, joita tulee tapahtumaan ennen tuomiota ja jopa tuomiopäivänä on raportoitu meille.

Tärkeintä on vahvistaa, että uskomme jokaiseen autenttiseen tietoon, mitä meille on niistä raportoitu. Haudassa tullaan kysymään kolme kysymystä jokaiselta sielulta.

Al-Bara' raportoi Allahin, Kaikkivaltiaan, jakeesta:

يُثَبِّتُ ٱللَّهُ ٱلَّذِينَ آمَنُوا بِٱلْقَوْلِ ٱلثَّابِتِ فِي ٱلْحَيَاةِ ٱلدُّنْيَا وَفِي ٱلْآخِرَةِ

"Allah tulee pitämään vahvana nuo, jotka uskoivat vahvaan sanaan (eli uskontunnustukseen) sekä tämän maailman elämässä että tuonpuoleisessa (kun haudassa kysytään kysymyksiä)." (14:27)

Hän sanoi, että profeetta ﷺ sanoi:

فِي ٱلْقَبْرِ إِذَا قِيلَ لَهُ مَنْ رَبُّكَ وَمَا دِينُكَ وَمَنْ نَبِيُّكَ

"Kun häneltä (jokaiselta ihmiseltä) kysytään haudassa: 'Kuka on Valtiaasi ja

mikä on uskontosi ja kuka on profeettasi?'" (*Sunan at-Tirmidhi* 3120, *sahih* at-Tirmidhin mukaan)

Haudan kysymykset:

- Kuka on Valtiaasi?
- Kuka on profeettasi?
- Mikä on uskontosi?

Abu Huraira raportoi, että profeetta ﷺ sanoi:

إِذَا حُضِرَ الْمُؤْمِنُ أَتَتْهُ مَلاَئِكَةُ الرَّحْمَةِ بِحَرِيرَةٍ بَيْضَاءَ فَيَقُولُونَ اخْرُجِي رَاضِيَةً مَرْضِيًّا عَنْكِ إِلَى رَوْحِ اللهِ وَرَيْحَانٍ وَرَبٍّ غَيْرِ غَضْبَانَ فَتَخْرُجُ كَأَطْيَبِ رِيحِ الْمِسْكِ حَتَّى أَنَّهُ لَيُنَاوِلُهُ بَعْضُهُمْ بَعْضًا حَتَّى يَأْتُونَ بِهِ بَابَ السَّمَاءِ فَيَقُولُونَ مَا أَطْيَبَ هَذِهِ الرِّيحَ الَّتِي جَاءَتْكُمْ مِنَ الأَرْضِ فَيَأْتُونَ بِهِ أَرْوَاحَ الْمُؤْمِنِينَ فَلَهُمْ أَشَدُّ فَرَحًا بِهِ مِنْ أَحَدِكُمْ بِغَائِبِهِ يَقْدَمُ عَلَيْهِ فَيَسْأَلُونَهُ مَاذَا فَعَلَ فُلاَنٌ مَاذَا فَعَلَ فُلاَنٌ فَيَقُولُونَ: دَعُوهُ فَإِنَّهُ كَانَ فِي غَمِّ الدُّنْيَا. فَإِذَا قَالَ: قَدْ مَاتَ أَمَا أَتَاكُمْ؟ قَالُوا: ذُهِبَ بِهِ إِلَى أُمِّهِ الْهَاوِيَةِ.

"Kun uskovainen on kuolemassa, hänen luokseen tulevat armon enkelit valkoisen silkin kanssa sanoen; 'Tule ulos iloisena ja Allahin tyytyväisyydellä Allahin armoon ja tuoksuun ja Valtiaan luokse, joka ei ole vihainen.' Sitten se (sielu) tulee ulos (eli hän kuolee) tuoksuvana kuin myski ja he (enkelit) kuljettavat häntä toiselta toiselle kunnes he tuovat hänet paratiisin porteille, jossa he sanovat: 'Kuinka hyvä onkaan tämä tuoksu, joka on tullut teidän luoksenne maasta.' Ja uskovaisten sielut tulevat hänen luokseen ja he iloitsevat hänestä enemmän kuin kukaan teistä iloitsee, kun hänen poissaollut (rakastettunsa) tulee hänen luokseen. He kysyvät häneltä: 'Mitä tapahtui tälle ja tälle, mitä tapahtui tälle ja tälle?' He sanovat: 'Antakaa hänen olla, sillä hän on (juuri) tullut maailman koettelemuksista.' Sitten hän sanoo: 'Totisesti hän kuoli (henkilö, jonka hän tiesi maailmassa) eikö hän tullut tänne?' He sanovat: 'Hänet vietiin hänen määränpäähänsä - kuoppaan (eli helvettiin)."

(*Sunan an-Nasa'i* 1833, *sahih* al-Albaanin mukaan)

Ibn al-Qayyim sanoi:

المسألة الثانية وهي أن أرواح الموتى هل تتلاقى وتتزاور وتتذاكر أم لا ؟
وهي أيضاً مسألة شريفة كبيرة القدر وجوابها : أن الأرواح قسمان : أرواح معذبة ، وأرواح منعَّمة ؛ فالمعذبة في
شغل بما هي فيه من العذاب عن التزاور والتلاقي ، والأرواح المنعمة المرسلة غير المحبوسة تتلاقى وتتزاور
وتتذاكر ما كان منها في الدنيا وما يكون من أهل الدنيا ، فتكون كل روح مع رفيقها الذي هو على مثل عملها

"Ja toinen aihe on, että tulevatko kuolleiden sielut tapaamaan toisiaan, vierailemaan toistensa luona ja puhumaan toisilleen vai ei?

Tämä on myös kunniallinen ja suuresti arvokas aihe, jonka vastaus on, että sieluja on kahden tyyppisiä: nuo, joita rankaistaan ja nuo, joita siunataan. Nuo, joita rankaistaan ovat (liian) kiireisiä vierailemaan tai tapaamaan (muita) rangaistusten ansiosta. Mutta sielut, joita siunataan ovat vapaita eikä rajoitettuja, joten he tapaavat toisiaan ja vierailevat toistensa luona ja puhuvat siitä, mitä heillä oli tapana tehdä tässä maailmassa ja mitä tämän maailman ihmisille tapahtui. Joten jokainen sielu tulee olemaan sen ryhmän kanssa, jotka tekivät samankaltaisia hyviä tekoja." (*Shu'ab al-iman*, 7/10)

Ibn Umar raportoi, että profeetta ﷺ sanoi:

إِنَّ أَحَدَكُمْ إِذَا مَاتَ عُرِضَ عَلَيْهِ مَقْعَدُهُ بِالْغَدَاةِ وَالْعَشِيِّ إِنْ كَانَ مِنْ أَهْلِ الْجَنَّةِ فَمِنْ أَهْلِ الْجَنَّةِ وَإِنْ كَانَ مِنْ أَهْلِ النَّارِ فَمِنْ أَهْلِ النَّارِ فَيُقَالُ هَذَا مَقْعَدُكَ حَتَّى يَبْعَثَكَ اللَّهُ يَوْمَ الْقِيَامَةِ

"Totisesti, kun joku teistä kuolee, niin hänelle näytetään hänen paikkansa aamuisin ja iltapäivisin. Jos hän on paratiisin asukkaista, niin hän on (tuonpuoleisessa) paratiisin asukkaiden joukossa. Jos hän on helvetin asukkaista, niin hän on (haudan elämässä) helvetin asukkaiden joukossa. Hänelle tullaan sanomaan: 'Tämä on paikkasi, kunnes Allah ylösnostaa sinut tuomiopäivänä."

(*Sahih al-Bukhari* 1379, *Sahih Muslim* 2866)

Toisessa raportissa Abu Huraira raportoi, että profeetta ﷺ sanoi:

لَا يَدْخُلُ أَحَدٌ الْجَنَّةَ إِلَّا أُرِيَ مَقْعَدَهُ مِنْ النَّارِ لَوْ أَسَاءَ لِيَزْدَادَ شُكْرًا وَلَا يَدْخُلُ النَّارَ أَحَدٌ إِلَّا أُرِي مَقْعَدَهُ مِنْ الْجَنَّةِ لَوْ أَحْسَنَ لِيَكُونَ عَلَيْهِ حَسْرَةً

"Kukaan ei astu paratiisiin paitsi, että hänelle tullaan näyttämään hänen paikkansa, joka olisi ollut hänelle helvetissä, jos hän olisi tehnyt pahaa, jotta hän voisi olla kiitollisempi. Kukaan ei astu helvettiin paitsi, että hänelle tullaan näyttämään hänen paikkansa, joka olisi ollut hänelle paratiisissa, jos hän olisi tehnyt hyvää, jotta se aiheuttaisi hänelle enemmän surua."

(*Sahih al-Bukhari* 6200)

Ja tätä aihetta käsitellään lisää edistyneemmissä kirjoissa.

9. Tuomiopäivänä ihmiset tullaan tuomitsemaan, jolloin he menevät joko paratiisiin tai helvettiin riippuen heidän teoistaan.

Allah sanoi:

وَٱتَّقُواْ يَوْمًا تُرْجَعُونَ فِيهِ إِلَى ٱللَّهِ ثُمَّ تُوَفَّىٰ كُلُّ نَفْسٍ مَّا كَسَبَتْ وَهُمْ لَا يُظْلَمُونَ

"Ja pelätkää päivää, jolloin tulette palaamaan Allahin luokse. Silloin jokainen sielu tulee saamaan sen, mitä se on ansainnut ja heitä kohtaan ei tulla tekemään vääryyttä." (2:281)

Jokainen aidon monoteismin väestä tulee pääsemään vähintään loppupeleissä paratiisiin

Profeetta ﷺ sanoi:

مَنْ مَاتَ وَهُوَ يَعْلَمُ أَنَّهُ لَا إِلَهَ إِلَّا اللَّهُ دَخَلَ الْجَنَّةَ

"Hän, joka kuolee tietäen, ettei ole muuta palvomisen arvoista jumalaa kuin Allah tulee pääsemään Paratiisiin (suoraan tai loppujen lopuksi ansaittujen rangaistusten jälkeen ja Allah arvioi jokaisen teot ja armahtaa kenet Hän tahtoo)." (*Sahih Muslim* 26)

Toisessa raportissa hän ﷺ sanoi:

يُعَذَّبُ نَاسٌ مِنْ أَهْلِ التَّوْحِيدِ فِي النَّارِ حَتَّى يَكُونُوا فِيهَا حُمَمًا ثُمَّ تُدْرِكُهُمُ الرَّحْمَةُ فَيُخْرَجُونَ وَيُطْرَحُونَ عَلَى أَبْوَابِ الْجَنَّةِ قَالَ فَيَرُشُّ عَلَيْهِمْ أَهْلُ الْجَنَّةِ الْمَاءَ فَيَنْبُتُونَ كَمَا يَنْبُتُ الْغُثَاءُ فِي حِمَالَةِ السَّيْلِ ثُمَّ يَدْخُلُونَ الْجَنَّةَ

"Ihmiset monoteismin väen (*ahl al-tawhid*) joukosta, tulevat saamaan rangaistuksen tulessa (heidän syntiensä ansiosta), kunnes he tulevat olemaan siellä kuin hiiltä. Sitten (Allahin) armo yltyy heihin (Allahin tahdosta), ja heidät otetaan ulos ja viedään paratiisin porteille." Hän (ﷺ) sanoi: "Paratiisin väki tulee suihkuttamaan vettä heidän päälleen, ja he tulevat kasvamaan aivan kuin virran kantama purojäte kasvaa. Sitten he tulevat astumaan paratiisiin." (*Sunan at-Tirmidhi* 2597, *sahih* al-Albaanin mukaan)

Uskottomat tulevat olemaan taas ikuisesti helvetissä, josta Allah sanoo:

وَمَن يَعْصِ اللَّهَ وَرَسُولَهُ فَإِنَّ لَهُ نَارَ جَهَنَّمَ خَالِدِينَ فِيهَا أَبَدًا

"Kuka ikinä on tottelematon Allahille ja Hänen sanansaattajalleen, hänelle tulee olemaan (määränpäänä) helvetin tuli. He tulevat asumaan siellä ikuisesti." (72:23)

Uskontunnustus

Kun henkilö uskoo, että ei ole muuta jumalaa palvomisen arvoista paitsi Jumala ja, että Muhammad 鬱 on Hänen viimeinen sanansaattajansa, niin enää on jäljellä vain se, että hän vahvistaa tämän kielellään Allahin edessä.

Uskontunnustuksen lausuminen ei vaadi suuria määriä tietoa, vaan yksinkertaisesti sen, että henkilö uskoo, ettei ole muuta jumalaa palvomisen arvoista kuin Allah ja Muhammad 鬱 on Hänen viimeinen sanansaattajansa. Muslimi pyrkii pikkuhiljaa toimimaan tämän uskon mukaisesti pyrkien saavuttamaan Allahin tyytyväisyyttä. Kukaan ei ole täydellinen, mutta jokainen pyrkii olemaan polulla kohti täydellisyyttä.

Uskontunnustuksen lausumiseen ei tarvita ulkopuolista todistajaa eikä välikättä, vaan todistajaksi riittää Allah ja henkilö voi ilmoittaa tästä muille ihmisille ollessaan valmis.

Uskontunnustuksessa sanotaan:

"Todistan, ettei ole muuta jumalaa palvomisen arvoista, kuin Allah (ainoa palvomisen arvoinen Jumala) ja todistan, että Muhammed on Hänen sanansaattajansa."

Tämä on suositeltavaa lausua arabiaksi sanoen aikomuksella hyväksyä islam:

"Äsh-hädu än lää-iläähä illa-Allah, wä äsh-hädu ännä Muhämmädän Rasuul-Allah."

Tämä tekee henkilöstä muslimin. Hänen on suositeltavaa käydä tämän jälkeen kokovartalosuihkussa.

Islamin pilarit

Uskontunnustus

Rukousten suoritus	Almuveron maksaminen
Ramadanin paasto	Pyhiinvaellus taloon

Islam rakentuu viiteen pilariin, joista profeetta ﷺ kertoi meille. Tämä ei tarkoita sitä, etteikö islamissa olisi muita pakollisia asioita, mutta nämä teot ovat pilareita, joihin henkilön islamin sanotaan rakentuvan.
Abdullah - Umar ibn al-Khattabin poika - sanoi: "Kuulin profeetan ﷺ sanovan:

بُنِيَ الْإِسْلَامُ عَلَى خَمْسٍ عَلَى أَنْ يُعْبَدَ اللَّه وَيُكْفَرَ بِمَا دُونَهُ وَإِقَامِ الصَّلَاةِ وَإِيتَاءِ الزَّكَاةِ وَحَجِّ الْبَيْتِ وَصَوْمِ رَمَضَانَ

'Islam rakentuu viiteen (pilariin): (1) palvoa Allahia ja epäuskoa kaikkeen, mitä palvotaan Hänen sijastaan (tai Hänen vertaisenaan), (2) suorittaa rukoukset, (3) maksaa almuvero, (4) suorittaa pyhiinvaellus taloon (eli Kaabaan - hänelle, joka siihen kykenee siihen) ja (5) paastota ramadan.'" (*Sahih al-Bukhari* 8)

Toisessa raportissa Jibriil sanoi profeetalle ﷺ: 'Oi Muhammad, kerro minulle islamista.' Allahin sanansaattaja ﷺ vastasi:

الْإِسْلَامُ أَنْ تَشْهَدَ أَنْ لَا إِلَهَ إِلَّا اللَّهُ وَأَنَّ مُحَمَّدًا رَسُولُ اللَّهِ وَتُقِيمَ الصَّلَاةَ وَتُؤْتِيَ الزَّكَاةَ وَتَصُومَ رَمَضَانَ وَتَحُجَّ الْبَيْتَ إِنْ اسْتَطَعْتَ إِلَيْهِ سَبِيلًا

'Islam on sitä, että sinä todistat, ettei ole muuta jumalaa palvomisen arvoista kuin Allah (ainoa palvomisen arvoinen Jumala) ja Muhammad on Hänen (viimeinen) sanansaattajansa ja suoritat rukoukset, annat almuveron, paastoat ramadanin (kuukauden) ja suoritat pyhiinvaelluksen taloon (eli Kaabaan, Mekkaan), jos pystyt ottamaan sen tien (rahallisesti ja fyysisesti).' (*Sahih Muslim* 8)

Rukous

Rukous viidesti päivässä on jotain, mikä on jokaiselle muslimille pakollista ja nämä rukoukset on suoritettava oikeiden aikojen sisällä. Rukoukset ovat muslimin hyödyksi, jotta hänen olisi helpompaa muistaa Allahia, saada palkkiota ja pysyä oikealla tiellä. Allah ei tarvitse palvelijan rukousta, vaan sen sijaan palvelija tarvitsee sitä, että hän suorittaa niitä säännöllisesti. Allah sanoi:

إِنَّنِى أَنَا ٱللَّهُ لَآ إِلَٰهَ إِلَّآ أَنَا۠ فَٱعْبُدْنِى وَأَقِمِ ٱلصَّلَوٰةَ لِذِكْرِى

"Totisesti, Minä olen Allah. Ei ole muuta pyhyyttä palvomisen arvoista kuin Minä, joten palvokaa Minua ja suorittakaa rukous muistaaksenne Minua." (20:14)

Ja Hän sanoi:

إِنَّ ٱلصَّلَوٰةَ تَنْهَىٰ عَنِ ٱلْفَحْشَآءِ وَٱلْمُنكَرِ ۗ وَلَذِكْرُ ٱللَّهِ أَكْبَرُ ۗ وَٱللَّهُ يَعْلَمُ مَا تَصْنَعُونَ

"Totisesti rukous kieltää (eli suojelee) moraalittomuudelta ja vääryydeltä. Ja Allahin muistaminen on mahtavampaa. Ja Allah tietää, mitä teette." (29:45)

Ja Hän sanoi:

مَا سَلَكَكُمْ فِى سَقَرَ ۝ قَالُوا۟ لَمْ نَكُ مِنَ ٱلْمُصَلِّينَ

"(Heille sanotaan:) 'Mikä sai teidät Helvettiin?' He sanovat: 'Me emme olleet niistä, jotka rukoilivat.'" (74:43-44)

Profeetta ﷺ sanoi:

الْعَهْدُ الَّذِي بَيْنَنَا وَبَيْنَهُمُ الصَّلَاةُ فَمَنْ تَرَكَهَا فَقَدْ كَفَرَ

"Meidän ja heidän välillä oleva ero on rukous, joten kuka ikinä jättää sen (rukouksen) on suorittanut epäuskoa." (*Sunan at-Tirmidhi* 2621, *sahih* at-Tirmidhin mukaan)

Ja hän ﷺ sanoi:

إِنَّ أَوَّلَ مَا يُحَاسَبُ بِهِ الْعَبْدُ يَوْمَ الْقِيَامَةِ مِنْ عَمَلِهِ صَلَاتُهُ فَإِنْ صَلُحَتْ فَقَدْ أَفْلَحَ وَأَنْجَحَ وَإِنْ فَسَدَتْ فَقَدْ خَابَ وَخَسِرَ فَإِنِ انْتَقَصَ مِنْ فَرِيضَتِهِ شَيْءٌ قَالَ الرَّبُّ عَزَّ وَجَلَّ انْظُرُوا هَلْ لِعَبْدِي مِنْ تَطَوُّعٍ فَيُكَمَّلُ بِهَا مَا انْتَقَصَ مِنَ الْفَرِيضَةِ ثُمَّ يَكُونُ سَائِرُ عَمَلِهِ عَلَى ذَلِكَ

"Totisesti, ensimmäinen asia, josta palvelija tullaan laittamaan vastuuseen tuomiopäivänä, tulee olemaan hänen rukouksensa. Jos ne ovat kunnossa, niin hän tulee menestymään ja pelastumaan. Jos ne ovat pilalla, niin hän tulee

olemaan epäonnistunut ja hävinnyt. **Jos hänellä tulee olemaan jotain puutetta hänen pakollisissa rukouksissaan, niin Allah - Mahtavin ja Majesteettinen - tulee sanomaan: 'Katsokaa, onko palvelijallani vapaaehtoisia (rukouksia) täyttämään pakollisten (rukousten) puutteet! Sitten loput hänen teoistaan arvioidaan sen perusteella.''** (*Sunan at-Tirmidhi* 413, *sahih* al-Albaanin mukaan)

Päivän viittä rukousta kutsutaan niiden ajankohtien nimillä:

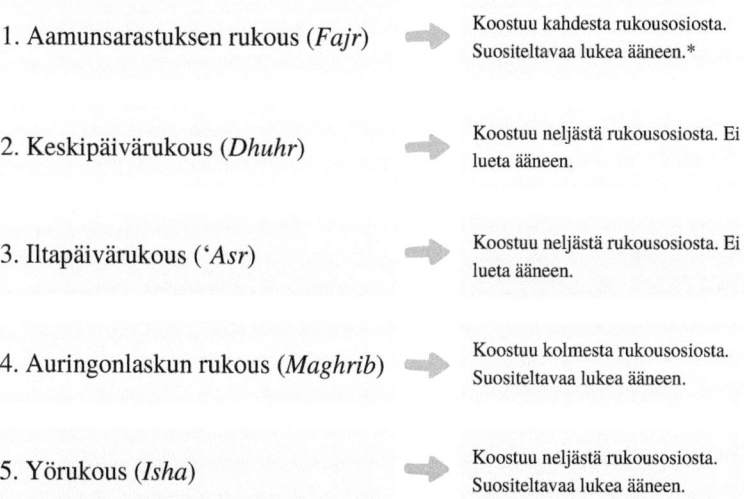

1. Aamunsarastuksen rukous (*Fajr*) ➡ Koostuu kahdesta rukousosiosta. Suositeltavaa lukea ääneen.*

2. Keskipäivärukous (*Dhuhr*) ➡ Koostuu neljästä rukousosiosta. Ei lueta ääneen.

3. Iltapäivärukous (*'Asr*) ➡ Koostuu neljästä rukousosiosta. Ei lueta ääneen.

4. Auringonlaskun rukous (*Maghrib*) ➡ Koostuu kolmesta rukousosiosta. Suositeltavaa lukea ääneen.

5. Yörukous (*Isha*) ➡ Koostuu neljästä rukousosiosta. Suositeltavaa lukea ääneen.

*Ääneen lukemisella tarkoitetaan sitä, että kahden ensimmäisen rukousosion Koraanin resitaatiot luetaan ääneen. Suosittelemme katsomaan Youtube -kanavamme @islaminusko rukousohjeen.

Rituaalinen puhtaus

Rukous on rituaalinen palvonta, johon vaaditaan, että muslimi on rituaalisessa puhtauden tilassa. Profeetta ﷺ sanoi:

لَا تُقْبَلُ صَلَاةٌ بِغَيْرِ طُهُورٍ

"Rukousta ei hyväksytä ilman puhtautta." (*Sahih Muslim* 224)

Rituaalista epäpuhtautta on suurta ja pientä. Suuri rituaalinen epäpuhtauden tila poistetaan *sunnan* mukaisella kokovartalopesulla ja pieni rituaalinen epäpuhtauden tila poistetaan rukouspesulla. Tästä kirjasta löytyy ohjeet molempiin. Ennen sitä käsittelemme asiat, jotka astuttavat henkilön kumpaankin tilaan.

Asiat joiden jälkeen on suoritettava rukouspesu (*wudhu*)

Seuraava taulukko sisältää tiivistetyn kartan asioista, jotka rikkovat rukouspesun. Lähteistä voi lukea lisää islamilaiseen lainoppiin (*fiqh*) liittyvistä kirjoista, kuten *Islamilaisen lainopin tiivistelmä 1* -kirjasta.

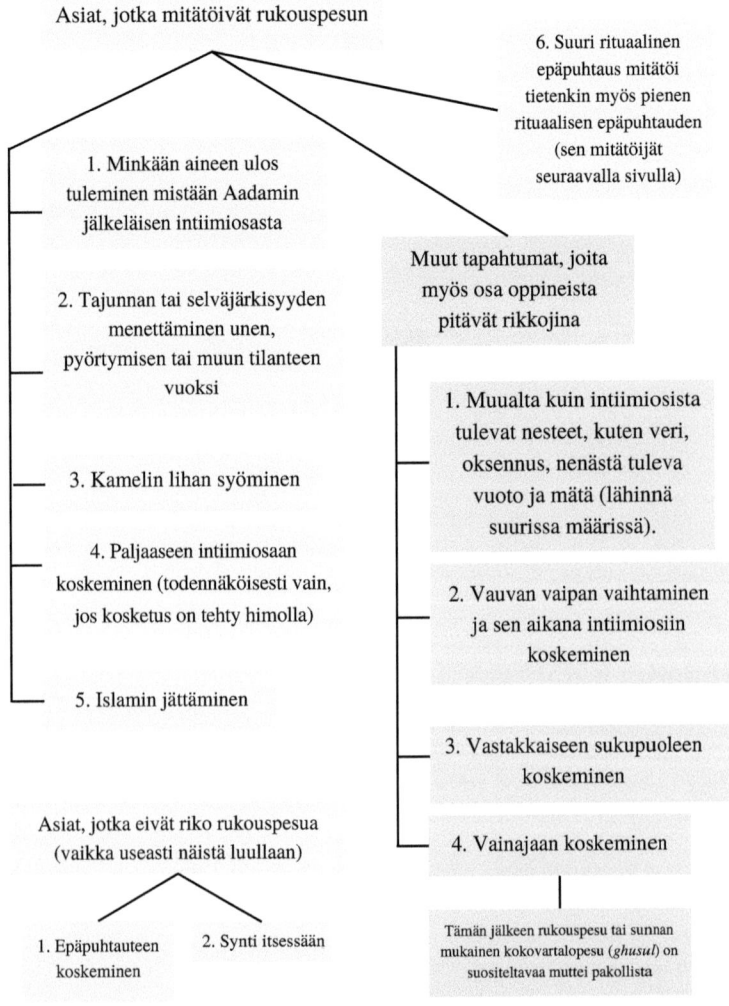

Asiat, jotka mitätöivät rukouspesun

1. Minkään aineen ulos tuleminen mistään Aadamin jälkeläisen intiimiosasta

2. Tajunnan tai selväjärkisyyden menettäminen unen, pyörtymisen tai muun tilanteen vuoksi

3. Kamelin lihan syöminen

4. Paljaaseen intiimiosaan koskeminen (todennäköisesti vain, jos kosketus on tehty himolla)

5. Islamin jättäminen

6. Suuri rituaalinen epäpuhtaus mitätöi tietenkin myös pienen rituaalisen epäpuhtauden (sen mitätöijät seuraavalla sivulla)

Muut tapahtumat, joita myös osa oppineista pitävät rikkojina

1. Muualta kuin intiimiosista tulevat nesteet, kuten veri, oksennus, nenästä tuleva vuoto ja mätä (lähinnä suurissa määrissä).

2. Vauvan vaipan vaihtaminen ja sen aikana intiimiosiin koskeminen

3. Vastakkaiseen sukupuoleen koskeminen

4. Vainajaan koskeminen

Asiat, jotka eivät riko rukouspesua (vaikka useasti näistä luullaan)

1. Epäpuhtauteen koskeminen

2. Synti itsessään

Tämän jälkeen rukouspesu tai sunnan mukainen kokovartalopesu (*ghusul*) on suositeltavaa muttei pakollista

Asiat joiden jälkeen on suoritettava *sunnan* mukainen kokovartalopesu (*ghusul*)

Seuraava taulukko sisältää tiivistetyn kartan asioista, joiden jälkeen henkilön on suoritettava *sunnan* mukainen kokovartalopesu (*ghusul*). Lähteistä voi lukea lisää islamilaiseen lainoppiin (*fiqh*) liittyvistä kirjoista, kuten *Islamilaisen lainopin tiivistelmä 1* -kirjasta.

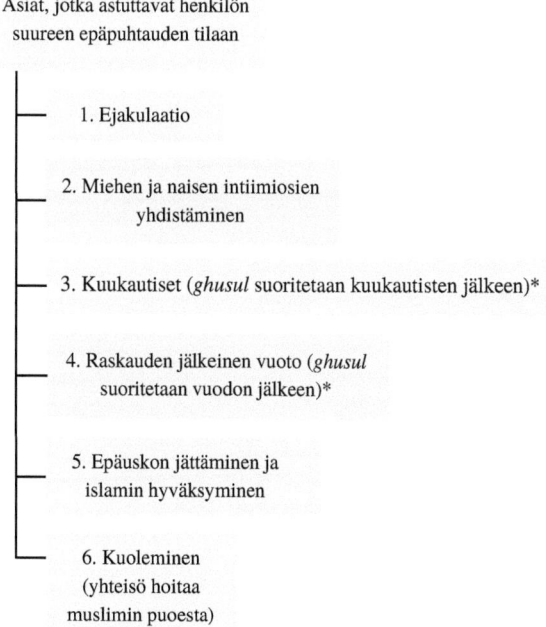

Asiat, jotka astuttavat henkilön
suureen epäpuhtauden tilaan

1. Ejakulaatio

2. Miehen ja naisen intiimiosien
   yhdistäminen

3. Kuukautiset (*ghusul* suoritetaan kuukautisten jälkeen)*

4. Raskauden jälkeinen vuoto (*ghusul*
   suoritetaan vuodon jälkeen)*

5. Epäuskon jättäminen ja
   islamin hyväksyminen

6. Kuoleminen
   (yhteisö hoitaa
   muslimin puoesta)

* Kuukautisten sekä jälkivuodon aikana ei rukoilla eikä paastota. Tällöin henkilö on suuren rituaalisen epäpuhtauden tilassa, kunnes hän havaitsee taas puhtaan valkovuotonsa kuukautisvuodon jälkeen. Menetettyjä rukouksia ei korvata, mutta kuukautisten aikana menetetyt ramadanin pakolliset paastot korvataan kuukautisten jälkeen. Mu'adhah raportoi, että Aisha sanoi kuukautisista ja paastosta:

فَنُؤْمَرُ بِقَضَاءِ الصَّوْم وَلَا نُؤْمَرُ بِقَضَاءِ الصَّلَاةِ

"Meitä määrättiin korvaamaan paastomme ja meitä ei määrätty korvaamaan (kuukautisten aikana menetettyjä) rukouksia." (*Sahih Muslim* 335)

Kielletyt teot eri rituaalisten epäpuhtauden tilojen aikana

Seuraava taulukko sisältää tiivistetyn kartan asioista, joita ei ole sallittua tehdä kunkin rituaalisen epäpuhtaudetilan aikana.

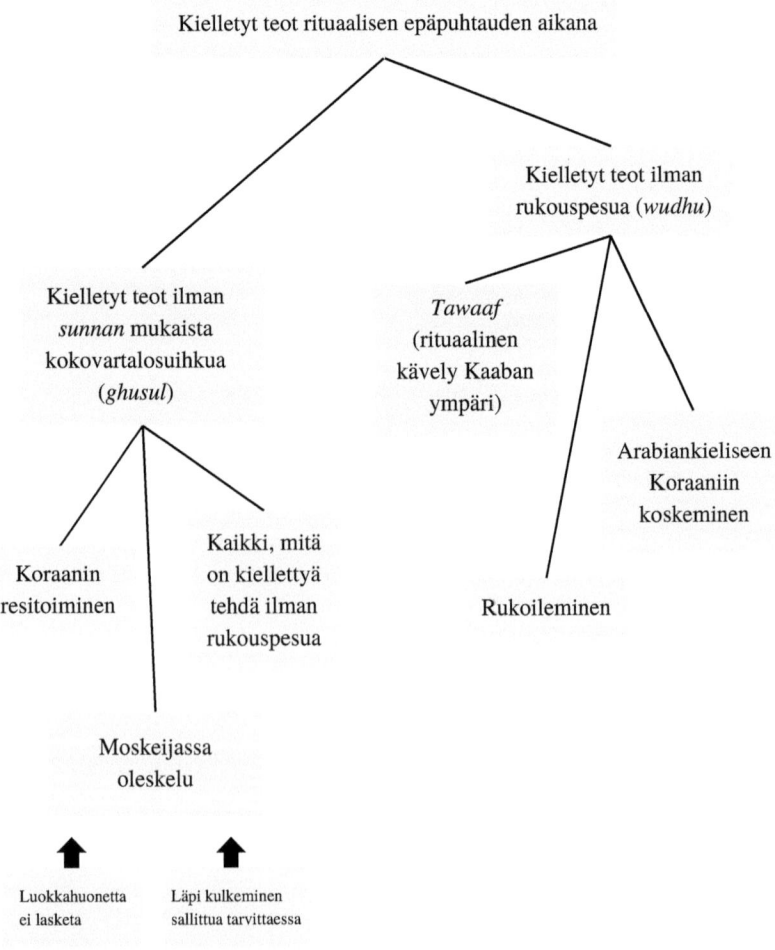

Kielletyt teot rituaalisen epäpuhtauden aikana

Kielletyt teot ilman rukouspesua (*wudhu*)

Kielletyt teot ilman *sunnan* mukaista kokovartalosuihkua (*ghusul*)

Tawaaf (rituaalinen kävely Kaaban ympäri)

Arabiankieliseen Koraaniin koskeminen

Koraanin resitoiminen

Kaikki, mitä on kiellettyä tehdä ilman rukouspesua

Rukoileminen

Moskeijassa oleskelu

↑ Luokkahuonetta ei lasketa

↑ Läpi kulkeminen sallittua tarvittaessa

(Shaykh Saalih al-Fawzaan, *al-Mulakhhas ul-fiqhii*)

66

Rituaalisesti epäpuhtaat aineet

Rukoilijan on poistettava ritualisesti epäpuhtaat aineet hänen kehostaan, hänen vaatteistaan ja hänen rukouspaikastaan. Seuraava taulukko sisältää aloittelijalle tiivistelmän asioista, jotka ovat islamin mukaan epäpuhtaita. Lähteistä voi lukea lisää islamilaiseen lainoppiin (*fiqh*) liittyvistä kirjoista, kuten *Islamilaisen lainopin tiivistelmä 1* -kirjasta.

Rituaalisesti epäpuhtaat aineet

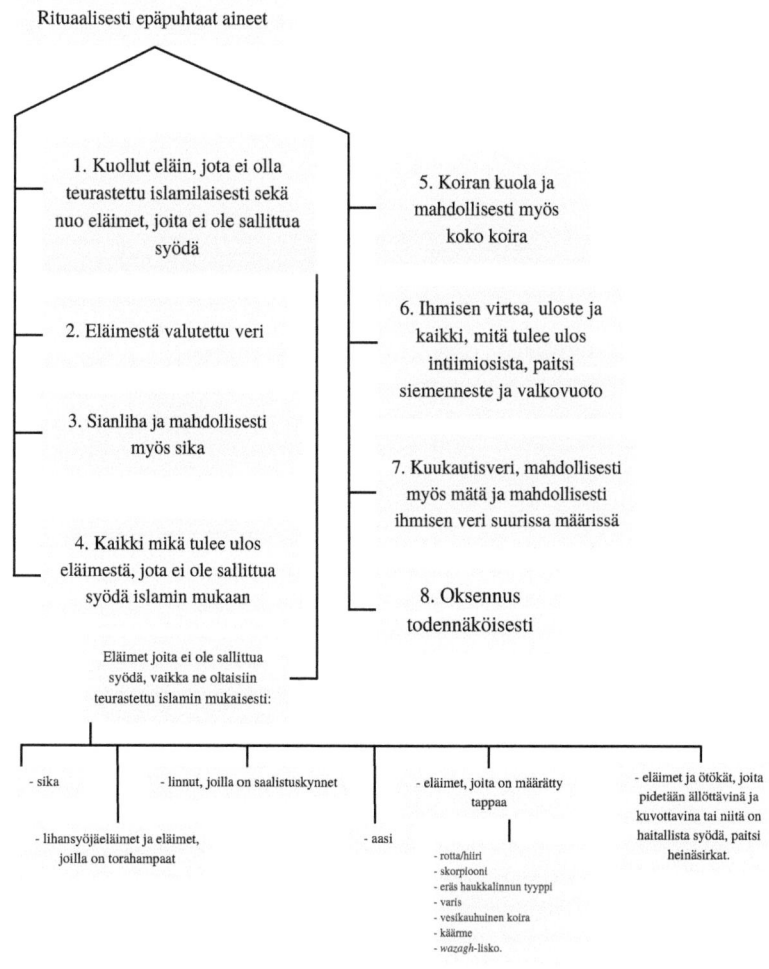

1. Kuollut eläin, jota ei olla teurastettu islamilaisesti sekä nuo eläimet, joita ei ole sallittua syödä

2. Eläimestä valutettu veri

3. Sianliha ja mahdollisesti myös sika

4. Kaikki mikä tulee ulos eläimestä, jota ei ole sallittua syödä islamin mukaan

5. Koiran kuola ja mahdollisesti myös koko koira

6. Ihmisen virtsa, uloste ja kaikki, mitä tulee ulos intiimiosista, paitsi siemenneste ja valkovuoto

7. Kuukautisveri, mahdollisesti myös mätä ja mahdollisesti ihmisen veri suurissa määrissä

8. Oksennus todennäköisesti

Eläimet joita ei ole sallittua syödä, vaikka ne oltaisiin teurastettu islamin mukaisesti:

- sika

- lihansyöjäeläimet ja eläimet, joilla on torahampaat

- linnut, joilla on saalistuskynnet

- aasi

- eläimet, joita on määrätty tappaa
  - rotta/hiiri
  - skorpiooni
  - eräs haukkalinnun tyyppi
  - varis
  - vesikauhuinen koira
  - käärme
  - *wazagh*-lisko.

- eläimet ja ötökät, joita pidetään ällöttävinä ja kuvottavina tai niitä on haitallista syödä, paitsi heinäsirkat.

67

Rukouspesun (*wudhun*) ohje

Rukouspesuun kuuluu pakollisia osia ja sen lisäksi suositeltavia tekoja.
Tämä ohje sisältää myös suositeltavat teot.

 1. Tee aikomus sydämessäsi, että aiot nyt suorittaa rukouspesun juuri tähän tarkoitukseen.

 2. Aloita Allahin nimeen sanomalla: "*Bismillaah*" (tee tämä vessan ulkopuolella, mutta putkeen seuraavan vaiheen kanssa).

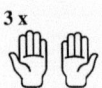 **3. Pese kätesi ranteisiin saakka kolmesti.**

 4. Huuhtele suusi ja nenäsi kolmesti, mieluiten samalla kourallisella.

 5. Pese naamasi kolmesti.
Jos sinulla on parta, niin ujuta sormesi alhaalta parran sisään, jos se on paksu.

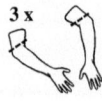 **6. Pese kädet kyynärpäät mukaan lukien kolmesti.**

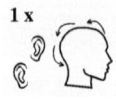 **7. Pyyhi koko pää kerran hiusrajasta hiusrajaan sekä korvat märillä käsillä kerran. Käytä etusormea sisäpuolelle ja peukaloa ulkopuolelle.**

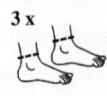 **8. Pese jalat nilkkaan saakka ja nilkat mukaan lukien kolmesti.**

Lähteistä voi lukea lisää islamilaiseen lainoppiin (*fiqh*) liittyvistä kirjoista, kuten *Islamilaisen lainopin tiivistelmä 1* -kirjasta.

Sunnan mukaisen kokovartalopesun (*ghusulin*) ohje

Ghusulin voi ottaa joko

a) **kastelemalla koko keho oikealla aikomuksella, nenän ja suun huuhtelu mukaan lukien tavalla, että kaikkialle menee varmasti vettä** (5:6) (Ibn Utheymiin, *Fatawa arkan al-islam*, sivu 248) tai

b) *sunnan* mukaisella vaiheittaisella pesulla, joka suoritetaan seuraavalla tavalla:

 1. Tee aikomus sydämessäsi, että aiot nyt suorittaa peseytymisen juuri tähän tarkoitukseen.

 2. Aloita Allahin nimeen sanomalla: "*Bismillaah*" (perustuu analogiaan - vapaaehtoinen vaihe).

 **3. Pese kätesi ranteisiin saakka.**

 4. Pese intiimiosasi kolmesti vasemmalla kädellä.

 5. Suorita tuttu rukouspesu (*wudhu*).

 **6. Kastele pääsi kolmesti ja varmista, että vettä menee kaikkialle päähän.**

 **7. Kasta sitten koko vartalosi. Voit aloittaa ensin oikealta.**

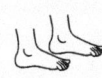 **8. Pese lopuksi jalkasi.**

Lähteistä voi lukea lisää islamilaiseen lainoppiin (*fiqh*) liittyvistä kirjoista, kuten *Islamilaisen lainopin tiivistelmä 1* -kirjasta.

Pitääkö *wudhu* ottaa *ghusulin* jälkeen?

Jos *sunnan* mukaisen kokovartalopesun (*ghusul*) suorittaa suuresta rituaalisesta epäpuhtaudentilasta poistumisen vuoksi, niin sen jälkeen henkilön ei tarvitse suorittaa rukouspesua erikseen. Tämä on siksi, että Allah sanoi:

يَٰٓأَيُّهَا ٱلَّذِينَ ءَامَنُوٓاْ إِذَا قُمۡتُمۡ إِلَى ٱلصَّلَوٰةِ فَٱغۡسِلُواْ وُجُوهَكُمۡ وَأَيۡدِيَكُمۡ إِلَى ٱلۡمَرَافِقِ وَٱمۡسَحُواْ بِرُءُوسِكُمۡ وَأَرۡجُلَكُمۡ إِلَى ٱلۡكَعۡبَيۡنِ ۚ وَإِن كُنتُمۡ جُنُبًا فَٱطَّهَّرُواْ

*"Oi te, jotka uskotte, **kun te nousette rukoukseen,** niin (suorittakaa rukouspesu, eli) peskää kasvonne ja kätenne kyynärpäihin (eli ne mukaan lukien) ja pyyhkikää päänne ja (peskää) jalkanne nilkkoihin (eli nilkat mukaan lukien). **Ja jos te olette janaabah -tilassa (kuten yhdynnästä tai seksuaalisista nesteistä johtuen), niin puhdistakaa itsenne (koko kehonne)."***
(5:6)

Jos kokovartalopesun (*ghusulin*) on taas suorittanut muusta syystä, kuten suosituksena suorittaa se perjantaisin ennen perjantain rukousta, niin silloin henkilön on suoritettava rukouspesu (*wudhu*) ennen rukousta.

Rukousohje

- **Fajr:** 1-9, 1-13.
- **Dhuhr:** 1-9, 1-10, 1-9, 1-13.
- **Asr:** 1-9, 1-10, 1-9, 1-13.
- **Maghrib:** 1-9, 1-10, 1-13.
- **Isha:** 1-9, 1-10, 1-9, 1-13.

Suosittelemme katsomaan *Youtube* -kanavamme @islaminusko rukousohjeen.

1.

"Allaahu Akbar."

- Kädet nostetaan tällä tavalla vain ensimmäisessä ja kolmannessa rukousosiossa.

- Jos nouset ylös, niin tämä lausutaan liikkeessä.

- Katse pysyy kohdassa, johon tulet maahankumartamaan nenilläsi myöhemmin.

2.

"Ä'uuthu bi-lläähi minä-sh-Shäjtaani-r-rajiim."

- Riittää, että lausut tämän vain ensimmäisessä osiossa.

"Bismilläähi-r-Rahmääni-r-Rahiim.
"Älhämdulilläähi Rabbi-l-'äälämiin,
Ar-Rahmääni-r-Rahiim,
Määliki jäwmi-d-diin.
Ijjääkä nä'budu wä ijjääkä nästä'iin.
Ihdina-s-siraaṯa-l-mustaqiim,
siraaṯ-alläthiinä än'ämtä 'äläjhim,
ghajri-l-maghḏuubi 'äläjhim wä lä-ḏ-ḏaaliin.
Äämiin.

- **Kahden ensimmäisen rukousosion kohdalla** voit vapaaehtoisesti resitoida tässä toisen suuran. Esimerkiksi voit lukea suurah al-Kawtharin:

"Bismilläähi-r-Rahmääni-r-Rahiim.
Innää ä'ṯajnääkä-l-käwthär,
fäṣalli li-Rabbikä wänḥar.
Innä shääniäkä huwä-l-äbtar."

3.

"Allaahu Akbar."

3.

3 x "Subhäänä Rabbijä-l-'Athiim."

4.

"Sämi Allaahu li-män hämidäh, Rabbänää wä läkä-l-ḥämd."

5.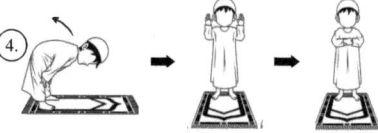

"Allaahu Akbar."

6.

3 x "Subhäänä Rabbijä-l-Ä'lää."

- Nenä ja otsa pidetään maassa, kyynärpäät ilmassa, varpaan aluset, polvet ja kämmenet maassa.

7. **8.**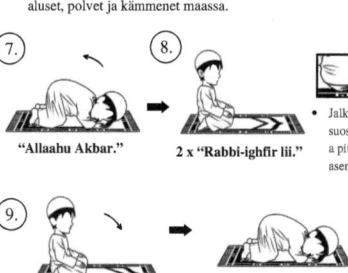

"Allaahu Akbar." 2 x "Rabbi-ighfir lii."

- Jalkoja on suositeltava a pitää tässä asennossa.

9.

"Allaahu Akbar." 3 x "Subhäänä Rabbijä-l-Ä'lää."

Nyt olet suorittanut yhden rukousosion (rak'ah). Nyt palaat ylös tai jatkat eteenpäin riippuen kuinka monta rukousosiota rukoilet. Toisen rukousosion jälkeen jatkat aina vähintään kohtaan 10.

10.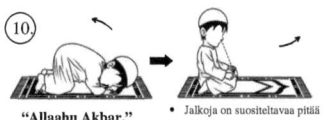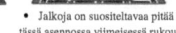

"Allaahu Akbar."

- Jalkoja on suositeltavaa pitää tässä asennossa viimeisessä rukousosiossa ja oikean käden etusormea suorassa tämän lausunnon aikana myös toisessa rukousosiossa. Katse pysyy etusormessa.

"Ättähijjäätu lilläähi wa-ṣ-ṣalawäätu wa-ṯ-ṯajjibäätu. Ässäläämu 'äläjkä ä'jjuhä-n-näbijju wa raḥmatu-l-Ilaahi wä barakäätuh. Ässäläämu 'äläjnää wä 'älää 'ibäädi-l-Iläähi-ṣ-ṣaaliḥiin. Äsh-hädu än lää Iläähä illAllaah, wä äsh-hädu ännä Muhämmädän 'abduhu wä rasuuluh."

Tästä eteenpäin jatkat vain viimeisessä rukousosiossa.

11.

"Allahumma ṣalli 'älää Muhämmäd wä 'älää ääli Muhämmäd kämää ṣalläjtä 'älää Ibraahiimä wä 'älää ääli Ibraahiim. Innäkä Hämiidun Mägiid. Allahumma bäärik 'älää Muhämmäd wä 'älää ääli Muhämmäd kämää bääriktä 'älää Ibraahiimä wä 'älää ääli Ibraahiim. Innäkä Hämiidun Mägiid."

12.

- Katse yli oikean olkapään.

"Ässäläämu 'äläjkum wä rahmätullaah."

13.

- Katse yli vasemman olkapään.

"Ässäläämu 'äläjkum wä rahmätullaah."

71

Rukouksen käännös

1.   (Jumala on Suurin/ Mahtavin)

2. (Haen turvaa Jumalalta kirottua paholaista vastaan)

"(Aloitan Jumalan, Armeliaimman, Armahtajan nimeen.)
(Kaikki kiitokset ja ylistykset kuuluvat maailmojen Valtiaalle, Armeliaimmalle, Armahtajalle, tuomiopäivän Hallitsijalle. Vain Sinua me palvomme ja vain Sinulta me pyydämme apua. Johdata meitä oikealle tielle, niiden tielle, joita olet suosinut, ei niiden tielle, jotka ovat ansainneet vihasi, eikä harhaan menneiden tielle. Oi Jumala, hyväksy pyyntöni.)

- Kahden ensimmäisen rukousosion kohdalla voit vapaaehtoisesti resitoida tässä toisen suuran. Esimerkiksi voit lukea suurah al-Kawtharin:

"(Aloitan Jumalan, Armeliaimman, Armahtajan nimeen. Totisesti, Me olemme antaneet sinulle runsaasti hyvää, joten rukoile Valtiaallesi ja uhraa vain Hänelle. Totisesti, vihaajasi on tullut riistetyksi kaikelta hyvältä).

3.  (Jumala on Suurin/ Mahtavin)

3.  (Jumala on Suurin/ Mahtavin)

 3 x (Kunnia olkoon Valtiaalleni, Mahtavimmalle.)

4.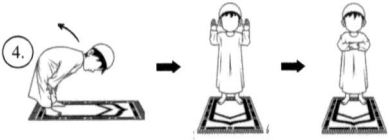

(Jumala kuulee häntä, joka ylistää Häntä. Oi Valtiaamme, Sinulle kuuluu kaikki kiitokset ja ylistykset)

5. 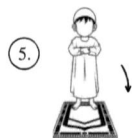 (Jumala on Suurin/ Mahtavin)

6.  3 x (Kunnia olkoon Valtiaalleni, Korkeimmalle.)

7. **8.**  (Jumala on Suurin/ Mahtavin) 2 x (Valtiaani, anna minulle anteeksi.)

9.  (Jumala on Suurin/ Mahtavin) 3 x (Kunnia olkoon Valtiaalleni, Korkeimmalle.)

10. 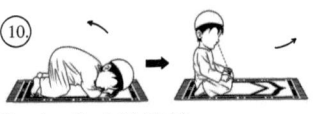 (Jumala on Suurin/Mahtavin)

(Kaikki ylistykset, rukoukset ja hyvä kuuluu Jumalalle. Rauha olkoon ylläsi, oi profeetta, sekä Jumalan armo ja siunaukset. Rauha olkoon meidän yllämme sekä Jumalan hurskaiden palvelijoiden yllä. Todistan, ettei ole muuta jumalaa palvomisen arvoista kuin Jumala ja todistan, että Muhammad on Hänen palvelijansa ja sanansaattajansa.)

11.  (Oi Jumala, lähetä kehut Muhammadin ja Muhammadin uskovaisen perheen ylle, kuten olet lähettänyt kehut Aabrahamin ja Aabrahamin perheen ylle. Totisesti, Sinä olet ylistyksiä Ansaitseva, Ylistetyin. Oi Jumala, siunaa Muhammadia ja Muhammadin uskovaista perhettä, kuten siunasit Aabrahamia ja Aabrahamin perhettä. Totisesti, Sinä olet ylistyksiä Ansaitseva, Ylistetyin.)

12. (Jumalan rauha ja armo olkoon yllänne.)

13. (Jumalan rauha ja armo olkoon yllänne.)

Jokaisen palvontateon kaksi ehtoa

1. Se on tehty vilpittömästi vain Allahille

Profeetta ﷺ sanoi:

قَالَ اللّهُ تَبَارَكَ وَتَعَالَى أَنَا أَغْنَى الشُّرَكَاءِ عَنِ الشِّرْكِ مَنْ عَمِلَ عَمَلًا أَشْرَكَ فِيهِ مَعِي غَيْرِي تَرَكْتُهُ وَشِرْكَهُ

"Allah, Kaikkivaltias sanoi: 'Totisesti, Minä olen kaikkein itsenäisin. Kuka ikinä tekee jonkin teon Minun ja jonkun toisen vuoksi, niin totisesti tulen hylkäämään hänet ja sen, jolle hän rinnasti (teon).'"

(*Sahih Muslim 2985*)

Umar bin al-Khattab raportoi: "Kuulin profeetan ﷺ sanovan:

إِنَّمَا الْأَعْمَالُ بِالنِّيَّاتِ وَإِنَّمَا لِكُلِّ امْرِئٍ مَا نَوَى

'Teot arvioidaan aikomuksen perusteella, joten jokainen tullaan palkitsemaan hänen aikomuksensa mukaan."

(*Sahih al-Bukhari 1*)

2. Se on tehty Allahin sanansaattajan ﷺ esimerkin mukaisesti

Profeetta ﷺ sanoi:

مَنْ عَمِلَ عَمَلًا لَيْسَ عَلَيْهِ أَمْرُنَا فَهُوَ رَدٌّ

"Hän, joka tekee teon, joka ei ole meidän asiamme mukainen, tulee saamaan sen hylätyksi."

(*Sahih al-Bukhari 2697, Sahih Muslim 1718*)

لَقَدْ كَانَ لَكُمْ فِى رَسُولِ اللّهِ أُسْوَةٌ حَسَنَةٌ لِّمَن كَانَ يَرْجُواْ اللّهَ وَالْيَوْمَ الْآخِرَ وَذَكَرَ اللّهَ كَثِيرًا

"Totisesti, Allahin sanansaattajassa on teille erinomainen esimerkki - kaikille, joilla on toivoa Allahiin ja viimeiseen päivään ja niille, jotka muistavat Allahia useasti."

(33:21)

Erittäin suositeltavat ylimääräiset rukoukset

Tavallisten rukousten lisäksi on suositeltavaa rukoilla myös vapaaehtoisia rukouksia. Vapaaehtoisten rukousten joukosta löytyy mm. yörukoukset ja rukoukset, joita profeetta ﷺ suoritti säännöllisesti. Alta löytyy tiivistetty kokoelma rukouksista, joita profeetalla ﷺ oli tapana suorittaa säännöllisesti.

Pakollisen rukouksen nimi ja aika	Ennen rukousta (kuitenkin ajan jo tultua)	Pakollinen rukous	Rukouksen jälkeen	
Fajr	2	2		
Dhuhr	4 (2+2)	4	2	4 (2+2)
Asr		4		
Maghrib		3	2	
Isha		4	2	

As-Sunan ar-rawaatib

Aisha raportoi, että profeetta ﷺ sanoi:

مَنْ ثَابَرَ عَلَى ثِنْتَيْ عَشْرَةَ رَكْعَةً مِنَ السُّنَّةِ بَنَى اللهُ لَهُ بَيْتًا في الْجَنَّةِ أَرْبَعِ رَكَعَاتٍ قَبْلَ الظُّهْرِ وَرَكْعَتَيْنِ بَعْدَهَا وَرَكْعَتَيْنِ بَعْدَ الْمَغْرِبِ وَرَكْعَتَيْنِ بَعْدَ الْعِشَاءِ وَرَكْعَتَيْنِ قَبْلَ الْفَجْرِ

"Kuka ikinä ylläpitää kahdentoista *sunnah*-rukouksen suorittamista, niin Allah tulee rakentamaan hänelle talon paratiisiin. Ne ovat neljä rukousosiota (*rak'aat*) ennen keskipäivän (*dhuhr*) rukousta ja kaksi sen jälkeen, kaksi rukousosiota (*rak'aat*) auringonlaskun rukouksen (*maghrib*) jälkeen, kaksi rukousosiota (*rak'aat*) pimeyden astumisen rukouksen ('*ishaa*) jälkeen ja kaksi rukousosiota (*rak'aat*) ennen aamunsarastuksen (*fajr*) rukousta." (*Sunan at-Tirmidhi 414, sahih* al-Albanin mukaan)

Umm Habibah raportoi, että profeetta ﷺ sanoi:

مَنْ حَافَظَ عَلَى أَرْبَعِ رَكَعَاتٍ قَبْلَ الظُّهْرِ وَأَرْبَعٍ بَعْدَهَا حَرَّمَهُ اللهُ عَلَى النَّارِ

"Kuka ikinä ylläpitää neljää rukousosiota (*rak'aat*) ennen keskipäivän (*dhuhr*) rukousta ja neljää sen jälkeen, niin Allah kieltää hänelle tulen." (*Sunan at-Tirmidhi* 428, *sahih* at-Tirmidhin mukaan)

On kuitenkin huomioitava, että näiden lisäksi on muitakin *sunnan* mukaisia suositeltavia rukouksia, joita käsitellään rukoukseen liittyvissä kirjoissa.

Zakat ul-maal (omaisuuden almuvero)

Zakat ul-maal on 2,5% muslimin yhden islamilaisen vuoden ajan säilyneistä säästöistä ja omaisuudesta, jos säästöt ylittävät *nisabin* arvon määrän. Asim ja Haakin sanoivat:

الصَّدَقَةُ فِي كُلِّ عَامٍ

"Almuvero on (maksettava) joka (islamilainen) vuosi (jos ehdot täyttyvät)."

(*Sunan Abi Dawud* 1572, *sahih* al-Albaanin mukaan)

Ali ibn Abi Taalib raportoi, että profeetta 🕮 sanoi (tai Ali sanoi tämän itse):

فَإِذَا كَانَتْ لَكَ مِائَتَا دِرْهَمٍ وَحَالَ عَلَيْهَا الْحَوْلُ فَفِيهَا خَمْسَةُ دَرَاهِمَ وَلَيْسَ عَلَيْكَ شَيْءٌ - يَعْنِي فِي الذَّهَبِ - حَتَّى يَكُونَ لَكَ عِشْرُونَ دِينَارًا فَإِذَا كَانَ لَكَ عِشْرُونَ دِينَارًا وَحَالَ عَلَيْهَا الْحَوْلُ فَفِيهَا نِصْفُ دِينَارٍ فَمَا زَادَ فَبِحِسَابِ ذَلِكَ

"Kun te omistatte 200 *dirhamia* (hopeakolikkoa) ja yksi (islamilainen) vuosi kuluu (niitä omistaessanne), viisi *dirhamia* on maksettava (siitä). Mikään ei ole pakko teille, kullasta, kunnes se saavuttaa 20 *dinaaria* (kultakolikkoa). Kun omistatte 20 *dinaria* (kultakolikkoa) ja yksi vuosi kuluu niiden kanssa, puoli *dinaaria* on maksettava. Mikä ikinä ylittää sen (summan), lasketaan sillä (kaavalla)."

(*Sunan Abi Dawud* 1573, *sahih* al-Albaanin mukaan)

Profeetan 🕮 aikana *dinarilla* ja *dirhamilla* oli tietyt arvot. *Dirhamit* oltiin silloin valmistettu hopeasta ja *dinarit* kullasta. Tämä oli sen ajan rahaa, jota käytettiin kaupankäynnissä. Arvokkuuksista on hyvin pieniä mielipide-eroja, jotka johtuvat yleisesti tarkkuuden laskemisesta ja arvioista. On arvioitu, että sen ajan islamilainen *dinari* oli 4,25g 22 karaatin kullasta ja *dirhami* taas oli 2,975g täyttä hopeaa.

Tämän perusteella, kun laskemme hopean arvolla almuveron (*zakah*), niin laskemme 2,975g x 200 (*dirham*) = 595g hopeaa. Sitten katsomme nykyhetken arvokkuuden 595g hopeasta euroina ja jos olemme omistaneet vähintään sen määrän säästönä vuoden ajan, niin maksamme siitä ja kaikesta, mikä menee sen yli 2,5% almuveroa.

Kun laskemme kullan arvolla almuveron (*zakah*), niin laskemme 4,25g x 20 (*dinaria*) = 85g kultaa. Sitten katsomme nykyhetken arvokkuuden 85g kullasta euroina, ja jos olemme omistaneet vähintään sen määrän säästönä vuoden ajan, niin maksamme siitä ja kaikesta, mikä menee sen yli 2,5% almuveroa.

Kullan ja hopean arvokkuus vaihtelee ajasta riippuen ja näin asia on ollut aina. Siitä syystä kullan ja hopean arvokkuus tulee tarkistaa vuosittain.

Eli nisabin määrä vastaa siis noin 85g kultaa arvokkuudeltaan ja noin 595g hopeaa arvokkuudeltaan. Sinulle se on jompaakumpaa näistä vastaava arvo paikallisessa valuutassasi, joka vaihtelee vuosittain.

Hanafi-koulukunta suosii mielipidettä, että *zakah* on pakollista maksaa jo hopean arvosta ja tämä on turvallisempi mielipide, sillä hopean arvo on alempi kuin kullan ja yllä mainittu Alin autenttinen *hadith* osoitti meille velvollisuuden maksaa 5 *dirhamia* 200:sta (*Sunan Abi Dawud* 1573).

Kunkin vuoden nisabin määrän voi laskea nykyään verkossa erilaisilla *zakat*-laskureilla. Muistathan kuitenkin huomioida näissä oikean valuutan (€) !

Zakat ul-maalin **maksupäivä on siis yksilökohtainen ja kaikille maksaminen ei ole pakollista.**

On syytä myös huomioida, että almuveroa ei makseta vain säästöistä, vaan sen lisäksi myös omaisuudesta, ehtojen täyttyessä, kuten:

- Kaikenlainen valuutta, jota omistat (olisi se sitten käteisenä tai pankissa).
- Omaisuudet, jotka ovat tarkoitettu kaupan vaihtoon ja sisältävät voittoa.
- Lainan arvosta, jota olet muille lainannut (pieniä erimielipiteitä liittyen siihen, jos laina on kestänyt yli vuoden).
- Maatalouden voitoista, hunajasta ja mineraaleista (ks. 2:267. Näillä on omat säädökset).
- Tuotantoeläimistä, jotka syövät luonnosta suurimman osan vuodesta kuten lehmät, vuohet, lampaat ja kamelit (näillä myös omat säädökset).
- Omistamastasi kullasta ja hopeasta (esim. koruina, joista myöhemmin teet voittoa).

Osaan näistä liittyy omia säädöksiä, jotka eroavat omaisuuden almuverosta, kuten esimerkiksi 30 lehmää kohden annetaan almuverona yksi vuoden ikäinen lehmä jne. Näitä käsitellään syvemmin islamilaisen lainopin kirjoissa.

Kenelle almuveron voi maksaa?

Tänä päivänä almuvero on helppo maksaa verkossa erilaisten islamilaisten hyväntekeväisyysjärjestöjen kautta. Näiden järjestöjen kautta ei voi pelkästään laskea omaa almuveron määrää, vaan myös maksaa almuveron luotettavasti oikeaan kohteeseen. On erityisen tärkeää huomioida, että almuvero on maksettava muslimeille, vaikka erillistä vapaaehtoista hyväntekeväisyyttä on rohkaistua antaa kenelle tahansa köyhälle, sillä ovathan hekin Jumalan luomakuntaa. On kuitenkin yksi poikkeus uskottomista, joille voi maksaa omaisuuden almuveron ja tämä ryhmä on nuo uskottomat, joiden sydämet ovat kallistuneita islamiin.

Allah sanoo:

﴿ إِنَّمَا ٱلصَّدَقَـٰتُ لِلْفُقَرَآءِ وَٱلْمَسَـٰكِينِ وَٱلْعَـٰمِلِينَ عَلَيْهَا وَٱلْمُؤَلَّفَةِ قُلُوبُهُمْ وَفِى ٱلرِّقَابِ وَٱلْغَـٰرِمِينَ وَفِى سَبِيلِ ٱللَّهِ وَٱبْنِ ٱلسَّبِيلِ ۖ فَرِيضَةً مِّنَ ٱللَّهِ ۗ وَٱللَّهُ عَلِيمٌ حَكِيمٌ ﴾

"Totisesti, almuvero on vain (muslimien joukossa oleville) köyhille ja tarpeessa oleville ja niille, jotka on palkattu sitä varten (keräämään, vahtimaan ja jakamaan sitä) ja (almuveroa voi antaa) niille (uskottomille), joiden sydämet ovat kallistuneet (islamiin) ja (almuveroa voi antaa) vapauttamaan orjia ja niille (muslimeille), jotka ovat veloissa ja Allahin tiellä sekä (jumissa olevalle) matkustajalle. Tämä on velvollisuus (joka on määrätty) Allahilta. Ja Allah on Kaikkitietävä, Viisain." (9:60)

Zakatin vastaanottajaksi soveltuvat siis seuraavat kahdeksan:

1. Köyhät (*fuqaraa*) ja työkyvyttömät muslimit, joilla ei ole perustarpeita.
2. Kerjäävät köyhät (*masaakiin*) muslimit, joilla on vain pieni määrä perustarpeita.
3. Velkaantuneet (*al-gharimun*) muslimit.
4. Allahin tiellä olevat valtion puolustusvoimien muslimisotilaat, jotka eivät hyödy muslimien sotavoitoista.
5. Nuo, joiden sydämet ovat kallistuneita islamiin (*al-mu'allafatu qulubuhum*).
6. *Zakatin* jakajat.
7. Tarpeessa olevat muslimimatkustajat (*ibn as-sabil*), joilla ei ole varaa saavuttaa kohdettaan.
8. Muslimiorjan vapautusmaksu (*riqab*).

(Ibn Kathiir *tafsiir*, 9:60)

Näihin aiheisiin syvennytään myös *fiqhin* painavemmissa kirjoissa.

Paasto

Pakollisella paastolla viitataan islamilaisen kuukalenterin ramadanin kuukauden mittaiseen paastoon, jossa pidättäydytään ruuasta, juomasta ja paastoa rikkoavista teoista auringon sarastuksesta (*fajr*-ajasta) auringonlaskuun (*maghrib*-aikaan).

Allah sanoo:

يَٰٓأَيُّهَا ٱلَّذِينَ ءَامَنُواْ كُتِبَ عَلَيْكُمُ ٱلصِّيَامُ كَمَا كُتِبَ عَلَى ٱلَّذِينَ مِن قَبْلِكُمْ لَعَلَّكُمْ تَتَّقُونَ

"Oi te, jotka uskotte, paasto on määrätty teille, kuten se oli määrätty niille, jotka olivat ennen teitä, jotta olisitte tietoisia Allahista (niitä, joilla on taqwaa[1])."

(2:183)

---

[1] *Taqwa* tarkoittaa tietoisuutta Allahista tavalla, että henkilö ei tee mitä ikinä hän tahtoo, vaan hän pyrkii siihen, mitä hänen Luojansa on määrännyt ja välttää sitä, mitä hänen Luojansa on kieltänyt. Henkilö, jolla on *taqwaa*, muistaa Luojaansa jokaisessa tilanteessa ja miettii tekojaan peläten hänen Luojansa oikeudenmukaista rangaistusta, jonka epäoikeudenmukaiset tulevat ansaitsemaan. *Taqwa* voidaan siis kääntää tietoisuudeksi tai peloksi, jota palvelija tuntee Luojaansa kohtaan.

Umar ibn al-Khattab sanoi:

مَنْ خَافَ اللهَ لَمْ يَشْفِ غَيْظَهُ وَمَنِ اتَّقَى اللهَ لَمْ يَصْنَعْ مَا يُرِيدُ

"Kuka ikinä pelkää Allahia ei pura vihaansa ja kuka ikinä on tietoinen Allahista ei tee mitä ikinä hän tahtoo."

(Az-Zuhd li-Abi Dawuud 98)

'Umar ibn Abdul-Aziz sanoi:

التقوى ترك ما حرّم الله، وأداء ما افترض الله

"*At-Taqwa* on sen jättämistä, minkä Allah kielsi ja sen tekemistä, minkä Allah on tehnyt pakolliseksi."

(*Al-Muttali' 'alaa abwaab al-muqni'*)

أَيَّامًا مَّعْدُودَٰتٍ ۚ فَمَن كَانَ مِنكُم مَّرِيضًا أَوْ عَلَىٰ سَفَرٍ فَعِدَّةٌ مِّنْ أَيَّامٍ أُخَرَ ۚ وَعَلَى ٱلَّذِينَ يُطِيقُونَهُ فِدْيَةٌ طَعَامُ مِسْكِينٍ ۖ
فَمَن تَطَوَّعَ خَيْرًا فَهُوَ خَيْرٌ لَّهُ ۚ وَأَن تَصُومُوا خَيْرٌ لَّكُمْ ۖ إِن كُنتُمْ تَعْلَمُونَ

*"(Paasto on määrätty) tietyille määrätyille päiville, joten kuka ikinä teistä on
sairaana[1] tai matkalla (ramadanin aikana), niin sama määrä (menetettyjä paastoja
on paastottava) muina päivinä (korvauksena matkustuksen tai sairauden jälkeen). Ja
niille, jotka kykenevät[2] (mutta tämä aiheuttaisi liian suurta hankaluutta) on
(vaihtoehtoisena) korvauksena köyhän ruokkiminen (per paastopäivä paaston sijaan)
ja kuka ikinä tekee vapaaehtoisesti hyvää, niin se on parempi hänelle. Ja jos
paastoatte, niin se on teille parhaaksi. Kunpa vain tietäisitte."*

(2:184)

---

[1] Sairaana olevan on sallittua siirtää paastoaan, jos paastosta koituisi hänelle todellinen
terveydellinen uhka. Tämä ei kuitenkaan tarkoita sitä, että pienen päänsäryn tai flunssan
aikana henkilöllä olisi laillista syytä rikkoa paastoaan.

An-Nawawi sanoi:

وَأَمَّا الْمَرَضُ الْيَسِيرُ الَّذِي لَا يَلْحَقُ بِهِ مَشَقَّةٌ ظَاهِرَةٌ لَمْ يَجُزْ لَهُ الْفِطْرُ بِلَا خِلَافٍ عِنْدَنَا

"Mitä tulee henkilöön, joka on hieman sairas ja hän ei kärsi mistään selkeästä haitasta,
niin hänen ei ole sallittua rikkoa paastoaan ja tästä ei ole eri mielipiteitä luonamme."

(Al-Majmu' 6/261)

Jos paasto kuitenkin aiheuttaisi henkilölle terveydellistä uhkaa tai viivästyttäisi potilaan
parantumista, niin näissä tapauksissa hänen on sallittua olla paastoamatta sairauden
aikana.

An-Nawawi sanoi:

وَالصَّحِيحُ الَّذِي يَخْشَى الْمَرَضَ بِالصِّيَامِ , كَالْمَرِيضِ الَّذِي يَخَافُ زِيَادَتَهُ فِي إِبَاحَةِ الْفِطْرِ ؛ لِأَنَّ الْمَرِيضَ إِنَّمَا أُبِيحَ لَهُ الْفِطْرُ خَوْفًا مِمَّا
يَتَجَدَّدُ بِصِيَامِهِ , مِنْ زِيَادَةِ الْمَرَضِ وَتَطَاوُلِهِ , فَالْخَوْفُ مِنْ تَجَدُّدِ الْمَرَضِ فِي مَعْنَاهُ

"Terveen henkilön, joka pelkää paaston aiheuttavan hänelle sairauden (tai
sairaushaittoja) – kuten myöskin sairaan, joka pelkää paaston lisäävän (sairauttaan) - on
sallittua rikkoa paasto. Tämä johtuu siitä, että sairaalle henkilölle paaston rikkominen on
sallittua (sairastumisen) uusiutumisen pelosta paastonsa vuoksi, ettei sairaus lisäänny tai
pitkity, ja pelko sairauden uusiutumisesta on sama merkityksessä." *(Al-Majmu' 6/261)*

Jos henkilö kärsii parantumattomasta sairaudesta, kuten ensimmäisen tyypin diabeteksesta, joka ei salli paastoamista turvallisesti, niin hänen ei tarvitse paastota milloinkaan, vaan hän ruokkii kultakin päivältä köyhän.

Imettävän ja raskaana olevan paasto

Imettävän tai raskaana olevan naisen on sallittua paastota kuukautensa myöhemmin, jos hän pelkää, että paasto voisi olla uhka lapsen terveydelle. Hänen on kuitenkin korvattava hänen paastonsa myöhemmin ja lisäksi ruokkia jokaista päivää kohden köyhä.

Ibn al-Qayyim sanoi:

وأسباب الفطر أربعة: السفر، المرض، والحيض، والخوف من هلاك من يخشى عليه الهلاكُ بالصوم كالمرضع والحامل

"Ja paaston rikkomisen (lailliset) syyt ovat neljä: matkustus, sairaus, kuukautiset ja tuhon (tai kuoleman) pelkääminen hänelle, joka pelkää tuhoa (tai kuolemaa) jota paastosta (voi) aiheutua, kuten imettävälle tai raskaana olevalle (eli jos he pelkäävät lapselleen terveydellisiä haittoja)."

(Haashiyyah ar-rawdh al-mutbi' 3/379-380)

Saalih al-Fawzan sanoi:

والمُرضع والحامل: يجب عليها قضاء ما أفطرتا من أيام أُخَر، ويجب مع القضاء على من أفطرت للخوف على ولدها إطعام مسكين عن كلّ يوم أفطرنَّهُ

"Ja imettävän sekä raskaana olevan naisen on pakko korvata menetetyt paastonsa muina päivinä ja korvata ne, jotka hän rikkoi peläten lapsensa (terveyden) puolesta ja (paaston lisäksi) ruokkia köyhä jokaisesta päivästä, kun hän rikkoi paastonsa."

(Al-Mulakhhas al-fiqhii, sivu 392)

[2] Ibn Abbas kommentoi jaetta sanoen:

لَيْسَتْ بِمَنْسُوخَةٍ، هُوَ الشَّيْخُ الْكَبِيرُ وَالْمَرْأَةُ الْكَبِيرَةُ لَا يَسْتَطِيعَانِ أَنْ يَصُومَا، فَلْيُطْعِمَانِ مَكَانَ كُلّ يَوْمٍ مِسْكِينًا

"Tätä jaetta ei olla kumottu (toisella laillisella ilmoituksella), vaan se on vanhoille miehille ja vanhoille naisille, jotka eivät pysty paastoamaan (sillä he ovat heikkoja ja vanhoja), joten heidän tulee ruokkia yksi köyhä jokaista päivää kohden."
(Sahih al-Bukhari 4505)

Ramadanin kuukautena Koraani lähetettiin alas

شَهْرُ رَمَضَانَ ٱلَّذِىٓ أُنزِلَ فِيهِ ٱلْقُرْءَانُ هُدًى لِّلنَّاسِ وَبَيِّنَٰتٍ مِّنَ ٱلْهُدَىٰ وَٱلْفُرْقَانِ ۚ فَمَن شَهِدَ مِنكُمُ ٱلشَّهْرَ فَلْيَصُمْهُ ۖ وَمَن كَانَ مَرِيضًا أَوْ عَلَىٰ سَفَرٍ فَعِدَّةٌ مِّنْ أَيَّامٍ أُخَرَ ۗ يُرِيدُ ٱللَّهُ بِكُمُ ٱلْيُسْرَ وَلَا يُرِيدُ بِكُمُ ٱلْعُسْرَ وَلِتُكْمِلُوا۟ ٱلْعِدَّةَ وَلِتُكَبِّرُوا۟ ٱللَّهَ عَلَىٰ مَا هَدَىٰكُمْ وَلَعَلَّكُمْ تَشْكُرُونَ

"Ramadanin kuukausi on tuo, jolloin Koraani lähetettiin alas johdatuksena
ihmisille ja (siinä on) selkeät todisteet johdatuksesta sekä kriteerit (oikeasta ja
väärästä). Joten kuka ikinä joukostanne havaitsee kuukauden (alkaneen),
paastotkoon hän (ja kaikki, jotka saavat tiedon alueen luotettavalta havaitsijalta), ja
kuka ikinä on sairas tai matkalla (paastotkoon hän) saman määrän muita päiviä.
Allah tahtoo teille helpotusta, eikä Hän tahdo teille vaikeutta ja Hän tahtoo teidän
suorittavan ajanjakson ja ylistävän Allahia siitä, mihin Hän on johdattanut teidät.
Ja kenties, tulette olemaan kiitollisia." (2:185)

Wathila ibn al-Asqa' raportoi, että profeetta ﷺ sanoi:

أُنْزِلَتْ صُحُفُ إِبْرَاهِيمَ عَلَيْهِ السَّلَام فِي أَوَّلِ لَيْلَةٍ مِنْ رَمَضَانَ وَأُنْزِلَتِ التَّوْرَاةُ لِسِتٍّ مَضَيْنَ مِنْ رَمَضَانَ وَالْإِنْجِيلِ لِثَلَاثَ عَشْرَةَ خَلَتْ مِنْ رَمَضَانَ وَأُنْزِلَ الْفُرْقَانُ لِأَرْبَعٍ وَعِشْرِينَ خَلَتْ مِنْ رَمَضَانَ

"Aabrahamin, rauhaa hänelle, kääröt lähetettiin alas ramadanin ensimmäisenä
yönä ja Toora lähetettiin alas, kun kuusi yötä ramadania oli kulunut ja Injiil
(Jeesuksen Evankeliumi) lähetettiin alas, kun kolmetoista yötä ramadania oli
kulunut ja Furqaan (Koraani) lähetettiin alas (Allahin luota ensimmäiseen
taivaaseen), kun kaksikymmentäneljä yötä ramadania oli kulunut."

(*Musnad Ahmad* 16536, *sahih* al-Albaanin mukaan)

Pakollinen paaston rikkomisen almuvero (*zakat ul-fitr*)

Vaikka *zakat ul-fitria* ei luokitella islamin pilariksi, niin tämä on silti pakollinen almuvero, joka jokaisen muslimin on annettava ramadanin lopulla ennen paaston rikkomis -juhlan rukousta, joka rukoillaan yhteisrukouksena seuraavan kuukauden ensimmäisenä aamuna ennen keskipäivää. Perheen rahallisesti vastuussa olevan on maksettava tämä jokaisen perheenjäsenensä puolesta - myös lasten.

Tämä almuvero annetaan ruokana köyhille muslimeille ja määrän tulee olla yksi *saa'n* tilavuusyksikkö sen alueen tavallista ruokaa, kuten vehnäjauhoja, riisiä, taateleita tai ohraa.

Tänä päivänä lahjoituksen voi maksaa islamilaiselle järjestölle, joka hoitaa oston ja jaon lahjoittajien puolesta.

Ibn Abbaas sanoi:

فَرَضَ رَسُولُ اللَّهِ صَلَّى اللَّهُ عَلَيْهِ وَسَلَّمَ زَكَاةَ الْفِطْرِ طُهْرَةً لِلصَّائِمِ مِنَ اللَّغْوِ وَالرَّفَثِ وَطُعْمَةً لِلْمَسَاكِينِ مَنْ أَدَّاهَا قَبْلَ الصَّلَاةِ فَهِيَ زَكَاةٌ مَقْبُولَةٌ وَمَنْ أَدَّاهَا بَعْدَ الصَّلَاةِ فَهِيَ صَدَقَةٌ مِنَ الصَّدَقَاتِ

"Allahin sanansaattaja 🕌 hänelle, teki zakaat al-fitrin pakolliseksi keinoksi puhdistaa henkilö turhalta puheelta ja rumalta kielenkäytöltä ja ruokkia köyhiä. Kuka ikinä tarjoaa sen ennen rukousta, niin häneltä se on hyväksytty almuvero ja kuka tarjoaa sen rukouksen jälkeen, se on hänelle vain (zakat ul-fitriin liittymätön) hyväntekeväisyyden muoto (sadaqah)." (*Sunan Abi Dawud* 1609, *hasan* Ibn Qudamah'n mukaan)

'Umar sanoi:

فَرَضَ رَسُولُ اللَّهِ صَلَّى اللَّهُ عَلَيْهِ وَسَلَّمَ زَكَاةَ الْفِطْرِ

"Jumalan sanansaattaja (🕌) teki zakaat al-fitrin pakolliseksi." (*Sahih al-Bukhari* 1503)

Ibn 'Umar sanoi:

فَرَضَ رَسُولُ اللَّهِ صَلَّى اللَّهُ عَلَيْهِ وَسَلَّمَ زَكَاةَ الْفِطْرِ صَاعًا مِنْ تَمْرٍ أَوْ صَاعًا مِنْ شَعِيرٍ عَلَى الْعَبْدِ وَالْحُرِّ وَالذَّكَرِ وَالْأُنْثَى وَالصَّغِيرِ وَالْكَبِيرِ مِنَ الْمُسْلِمِينَ وَأَمَرَ بِهَا أَنْ تُؤَدَّى قَبْلَ خُرُوجِ النَّاسِ إِلَى الصَّلَاةِ

"Allahin sanansaattaja 🕌 teki zakaat al-fitristä yhden saa'-mittayksikön taateleita tai yhden saa'n ohraa pakolliseksi muslimeille - orjille ja vapaille, miehille ja naisille, nuorille ja vanhoille. Profeetta 🕌 määräsi sen annettavaksi ennen kuin ihmiset menevät iid-rukoukseen." (Sahih al-Bukhaari 1503, 1407)

Pyhiinvaellus taloon

Pyhiinvaellus on tiettyjä rituaaleja sisältävä *sunnan* mukainen rituaalisen palvonnan kokonaisuus, joka suoritetaan Mekassa islamilaisen kalenterin Dhu-l-hijjan kuukauden alussa pyhiinvaelluksen ajankohtana. Tähän kokonaisuuteen kuuluu mm. profeetta Aabrahamin (rauhaa hänelle) rakentaman Kaaban rituaalinen kiertäminen, Safa ja Marwa -vuorten välinen rituaalinen *sa'i*-käveleminen sekä Arafa-vuorella pyyntörukouksien tekeminen. Pyhiinvaelluksen teot suoritetaan *ihram*-tilassa, jonka aikana tietyt teot, kuten kynsien leikkaaminen on kiellettyä.

Pyhiinvaellus on pakollista vain niille, joilla on fyysisesti ja taloudellisesti kykyä suorittaa se. Sen tarkemmista rituaaleista ja niiden järjestyksistä ja säädöksistä opiskellaan pyhiinvaellusta käsittelevissä kirjoissa.

Allah sanoi:

﴿وَلِلَّهِ عَلَى النَّاسِ حِجُّ الْبَيْتِ مَنِ اسْتَطَاعَ إِلَيْهِ سَبِيلًا

"Pyhiinvaellus taloon on niiden ihmisten velvollisuus Allahia kohtaan, jotka kykenevät ottamaan sen tien.

وَمَن كَفَرَ فَإِنَّ اللَّهَ غَنِيٌّ عَنِ الْعَالَمِينَ﴾

Ja kuka ikinä epäuskoo, niin (tietäkää, että) totisesti Allah on riippumaton luomakunnasta." (3:97)

Uskon pilarit

Usko Allahiin	Usko Hänen enkeleihinsä
Usko Hänen kirjoihinsa	Usko sanansaattajiin
Usko viimeiseen päivään	Usko kohtaloon - sen hyvään ja huonoon

Uskon pilarit perustuvat eri Koraanissa ja *sunnassa* mainittuihin raportteihin, joissa on mainittu niiden uskomisen pakollisuudesta tavalla tai toisella. Kaikki pilarit ovat mainittu perimätiedossa, jossa Jibriil kysyi profeetalta 🕌:

مَا الإِيمَانُ

"Mitä on usko?"

Profeetta 🕌 vastasi:

أَنْ تُؤْمِنَ بِاللَّهِ وَمَلَائِكَتِهِ وَكُتُبِهِ وَرُسُلِهِ وَالْيَوْمِ الْآخِرِ وَتُؤْمِنَ بِالْقَدَرِ خَيْرِهِ وَشَرِّهِ

"Se on sitä, että uskot (1) Allahiin, (2) Hänen enkeleihinsä (jotka on luotu valosta), (3) Hänen Kirjoihinsa, (4) Hänen sanansaattajiinsa, (5) viimeiseen päivään, (6) ja uskot kohtaloon (*al-qadr*) - sen hyvään ja sen huonoon (eli siihen, että sen "huono" on uskovaiselle hyväksi ja siinä on viisaus takana)."

(*Sahih Muslim* 8)

Islamilainen kalenteri

Islamilainen kalenteri perustuu kuukalenteriin ja jokainen uusi kuukausi alkaa uudenkuun havaitsemisen myötä. Yksi kuukausi lasketaan siis kuun kierrosta. Sama kuukausi ei ala kaikkialla samana päivänä, sillä uusikuu tulee näkyviin eri ajankohtina eri puolilla maapalloa. Suomessa seurataan yleensä Mekasta tulevia ilmoituksia uuden kuukauden alusta, sillä tätä tehtävää ei olla Suomessa vielä nimetty millekään tietylle taholle.

Yksi kuukausi kestää joko 29 tai 30 päivää ja saman kuukauden päivien määrä saattaa vaihdella vuodesta toiseen. Uusikuu havaitaan yleensä auringonlaskun aikoihin, josta alkaakin uusi päivä islamilaisen kalenterin mukaan.

Islamilainen ajanlasku alkoi vuonna 622 (jKr), jolloin profeetta Muhammed ﷺ muutti Mekasta Medinaan. Tätä maanpakoa sanotaan *hijraksi* ja islamilaista kalenteria kutsutaan *hijri*-kalenteriksi.

Allah sanoo Koraanissa:

إِنَّ عِدَّةَ ٱلشُّهُورِ عِندَ ٱللَّهِ ٱثْنَا عَشَرَ شَهْرًا فِى كِتَـٰبِ ٱللَّهِ يَوْمَ خَلَقَ ٱلسَّمَـٰوَٰتِ وَٱلْأَرْضَ مِنْهَآ أَرْبَعَةٌ حُرُمٌ ذَٰلِكَ ٱلدِّينُ ٱلْقَيِّمُ فَلَا تَظْلِمُواْ فِيهِنَّ أَنفُسَكُمْ

"Totisesti, kuukausien luku Allahin luona on kaksitoista, kuten Allah määräsi sinä päivänä, kun Hän loi taivaat ja maan. Neljä niistä ovat pyhiä (dhu al-qa'da, dhu al-hijjah, muharram ja rajab). Tuo on oikea uskonto, joten älkää tehkö vääryyttä itseänne kohtaan niiden aikana." (9:36)

Islamilaisen kalenterin kuukaudet

1. Muharram (مُحَرَّم)

2. Safar (صَفَر)

3. Rabi' ul-Awwal (رَبِيعُ الأوَّل)

4. Rabi' uth-Thani (رَبِيعُ الثَّاني)

5. Jumada-l-Uulaa (جُمادى الأولى)

6. Jumada-th-Thani (جُمادى الثاني)

7. Rajab (رَجَب)

8. Sha'baan (شَعْبان)

9. Ramadaan (رَمَضان)

10. Shawwal (شَوّال)

11. Dhu-l-Qa'da (ذُو القَعْدة)

12. Dhu-l-Hijjah (ذُو الحِجّة)

Islamilaisen kalenterin erityisiä päiviä

Joka kuun suositeltavat paastot

Joka kuun kolmannentoista, neljännentoista ja viidennentoista päivien paasto

Qatadah ibn Malhan al-Qaysi sanoi:

كَانَ رَسُولُ اللهِ صلى الله عليه وسلم يَأْمُرُنَا أَنْ نَصُومَ الْبِيضَ ثَلَاثَ عَشْرَةَ وَأَرْبَعَ عَشْرَةَ وَخَمْسَ عَشْرَةَ

"Profeetalla ﷺ oli tapana käskeä meidän paastota valkoisina (eli valkoisten öiden päivinä) - (islamilaisen kalenterin) **kolmantenatoista, neljäntenätoista ja viidentenätoista päivänä** (*sunnah-*paastoja)." (*Sunan Abi Dawud* 2449, *sahih al-Albaanin mukaan*)

Joka maanantain ja torstain paasto

Abu Huraira raportoi, että profeetta ﷺ sanoi:

تُعْرَضُ الْأَعْمَالُ يَوْمَ الِاثْنَيْنِ وَالْخَمِيسِ فَأُحِبُّ أَنْ يُعْرَضَ عَمَلِي وَأَنَا صَائِمٌ

"Teot esitetään (Allahille) **maanantaisin ja torstaisin.** Siksi rakastan, että tekoni esitetään **ollessani paastossa.**" (*Sunan at-Tirmidhi* 747, *sahih al-Albaanin mukaan*)

Aisha sanoi:

كَانَ النَّبِيُّ صلى الله عليه وسلم يَتَحَرَّى صَوْمَ الِاثْنَيْنِ وَالْخَمِيسِ

"Profeetalla ﷺ oli tapana yrittää paastota maanantaisin ja torstaisin." (*Jami' at-Tirmidhi* 745, *sahih al-Albaanin mukaan*)

Ahkerammille paastoajille joka toinen päivä

Allahin sanansaattaja ﷺ sanoi:

أَحَبُّ الصِّيَامِ إِلَى اللهِ صِيَامُ دَاوُدَ، كَانَ يَصُومُ يَوْمًا وَيُفْطِرُ يَوْمًا

"Rakkain paasto Allahille oli (profeetta) Daavidin paasto. Hän paastosi joka toinen päivä." (*Sahih al-Bukhari* 3420)

Näinä päivinä ei ole sallittua paastota

Umar ibn al-Khattab sanoi:

Islamissa on vain kaksi sallittua vuosittaista juhlaa

Kaksi juhlaa eli 'iidia

Anas ibn Malik kertoi, että profeetta ﷺ salli vain kaksi vuosittain toistuvaa juhlaa:

يَوْمُ الْأَضْحَى وَيَوْمُ الْفِطْرِ

"Uhrauksen päivän ('iid ul-adhan) sekä paaston rikkomis -päivän ('iid ul-fitr)." (*Sunan Abu Dawud* 1134, *sahih al-Albaani*)

يَا أَيُّهَا النَّاسُ إِنَّ رَسُولَ اللهِ صَلَّى اللهُ عَلَيْهِ وَسَلَّمَ قَدْ نَهَاكُمْ عَنْ صِيَامِ هَذَيْنِ الْعِيدَيْنِ

"Oi ihmiset, totisesti Allahin sanansaattaja ﷺ on kieltänyt teitä paastoamasta näinä kahtena juhlana." (*Sahih Muslim* 1137)

Perjantain erikoisuus

Miehille pakollinen saarnan kuunteleminen ja kahden rukousosion yhteisrukous *Dhuhrin* sijaan

Profeetta ﷺ sanoi:

الْجُمُعَةُ حَقٌّ وَاجِبٌ عَلَى كُلِّ مُسْلِمٍ فِي جَمَاعَةٍ

"**Perjantairukous on pakollinen (*waajib*) velvollisuus jokaiselle muslimimiehelle yhteisrukouksena (jonka yhteydessä on saarna).**" (*Sahih al-jaami'* 3111, *sahih* al-Albaanin mukaan)

Kylpeminen ennen perjantain rukousta

Profeetta ﷺ sanoi:

مَنْ تَوَضَّأَ يَوْمَ الْجُمُعَةِ فَبِهَا وَنِعْمَتْ وَمَنِ اغْتَسَلَ فَالْغُسْلُ أَفْضَلُ

"**Kuka ikinä suorittaa rukouspesun perjantaina (ennen rukousta) on tehnyt hyvin ja kuka ikinä kylpee rituaalisesti on tehnyt paremmin.**" (*Sunan at-Tirmidhi* 497, *sahih* al-Albaanin mukaan)

Suositus lukea arabian kielellä *suurah* al-Kahf

Allahin sanansaattaja ﷺ sanoi:

مَنْ قَرَأَ سُورَةَ الْكَهْفِ فِي يَوْمِ الْجُمُعَةِ أَضَاءَ لَهُ مِنَ النُّورِ مَا بَيْنَ الْجُمُعَتَيْنِ

"**Kuka ikinä resitoi *suurah* al-Kahfin perjantaina, niin hänellä tulee olemaan valo kahden perjantain (eli tämän ja seuraavan) välillä.**" (*As-Sunan al-kubra lil-Bayhaqi* 5996, *sahih* al-Albaanin mukaan)

Miesten on suositeltavaa käyttää hajuvettä ja hampaiden pesemistä ennen rukousta painotetaan

Profeetta ﷺ sanoi:

فَمَنْ جَاءَ إِلَى الْجُمُعَةِ فَلْيَغْتَسِلْ. وَإِنْ كَانَ طِيبٌ فَلْيَمَسْ مِنْهُ. وَعَلَيْكُمْ بِالسِّوَاكِ

"**Kuka ikinä tulee pertaintain rukoukseen, niin kylpeköön hän ja laittakoon hän (mies) hajuvettä ja teidän on pestävä hampaanne (*siwakilla* tai muulla hammasharjalla).**" (*Sunan ibn Majah* 1098, *sahih* al-Albaanin mukaan)

Suositus lähettää rauhan tervehdyksiä profeetan ﷺ ylle

Profeetta ﷺ sanoi:

إِنَّ مِنْ أَفْضَلِ أَيَّامِكُمْ يَوْمَ الْجُمُعَةِ فِيهِ خُلِقَ آدَمُ وَفِيهِ قُبِضَ وَفِيهِ النَّفْخَةُ وَفِيهِ الصَّعْقَةُ فَأَكْثِرُوا عَلَيَّ مِنَ الصَّلَاةِ فِيهِ

"**Erinomaisimmista päivistänne on perjantai - silloin Aadam luotiin ja silloin hän kuoli ja silloin tulee olemaan (torven) puhallus ja silloin tulee olemaan huuto, joten lisätkää rauhan tervehdyksiänne ylleni silloin.**"(*Sunan Abi Dawud* 1047, *sahih* al-Albaanin mukaan)

Rauhantervehdyksiä voi lähettää profeetan ﷺ ylle esimerkiksi sanomalla:

اللَّهُمَّ صَلِّ عَلَى مُحَمَّدٍ

"Allahumma salli 'älää Muhammad."

Suositus rukoilla neljä rukousosiota perjantain yhteisrukouksen jälkeen

Profeetta ﷺ sanoi:

إِذَا صَلَّى أَحَدُكُمُ الْجُمُعَةَ فَلْيُصَلِّ بَعْدَهَا أَرْبَعًا

"**Kun joku teistä rukoilee perjantain rukouksen, niin rukoilkoon hän sen jälkeen neljä (ylimääräistä vapaaehtoista rukousosiota).**" (*Sunan ibn Majah* 1098, *sahih* al-Albaanin mukaan)

1. Muharram (مُحَرَّم)

- Tässä kuussa on suositeltavaa paastota

Profeetta ﷺ sanoi:

وَأَفْضَلُ الصِّيَامِ بَعْدَ شَهْرِ رَمَضَانَ صِيَامُ شَهْرِ اللَّهِ الْمُحَرَّم

"Paras paasto ramadanin jälkeen on Allahin kuukauden muharramin (kuussa paastoaminen)." (*Sahih Muslim* 1163)

- 10. päivä on *Ashura*-päivä, jolloin on erityisen suositeltavaa paastota 9. päivän lisäksi

Ibn Abbas raportoi, että profeetta ﷺ sanoi:

أَمَرَ رَسُولُ اللَّهِ صَلَّى اللَّهُ عَلَيْهِ وَسَلَّمَ بِصَوْمِ عَاشُورَاءَ يَوْمَ الْعَاشِرِ يعني من الْمُحَرَّم

"Allahin sanansaattaja ﷺ määräsi *Ashura*-päivän, kymmenennen muharramin päivän paastolla."

At-Tirmidhi sanoi:

وَرُوِيَ عَنِ ابْنِ عَبَّاسٍ أَنَّهُ قَالَ صُومُوا التَّاسِعَ وَالْعَاشِرَ وَخَالِفُوا الْيَهُودَ وَبِهَذَا الْحَدِيثِ يَقُولُ الشَّافِعِيُّ وَأَحْمَدُ وَإِسْحَاقُ

"Ja on raportoitu Ibn Abbasilta, että hän sanoi: **'Paastotkaa yhdeksäs ja kymmenes päivä, jotta eroaistte juutalaisista.'** ja tämän perimätiedon sanoi ash-Shaafii ja Ahmad ja Ishaaq." (*Sunan at-Tirmidhi* 755, sahih at-Tirmidhin mukaan)

Profeetalta ﷺ kysyttiin *Ashura*-päivän paastosta ja hän (ﷺ) sanoi:

يُكَفِّرُ السَّنَةَ الْمَاضِيَةَ

"Se kumoaa menneen vuoden (pienet) synnit." (*Sahih Muslim* 1162)

Perimätiedon kautta tiedämme *Ashura*-päivästä:

هَذَا يَوْمٌ عَظِيمٌ أَنْجَى اللَّهُ فِيهِ مُوسَى وَقَوْمَهُ وَغَرَّقَ فِرْعَوْنَ وَقَوْمَهُ فَصَامَهُ مُوسَى شُكْرًا فَنَحْنُ نَصُومُهُ

"Tämä on mahtava päivä, jolloin Allah pelasti Mooseksen (rauhaa hänelle) ja hänen kansansa (Faaraolta). Mooses (rauhaa hänelle) paastosi silloin kiitollisuuden vuoksi, joten mekin paastoamme sinä päivänä." (*Sahih al-Bukhari* 3216, *Sahih Muslim* 1130)

2. Safar (صَفَر)

3. Rabi' ul-Awwal (رَبِيعُ الأَوَّل)

4. Rabi' uth-Thani (رَبِيعُ الثَّانِي)

5. Jumada-l-Uulaa (جُمَادَى الأُولى)

6. Jumada-th-Thani (جُمَادَى الثاني)

7. Rajab (رَجَب)

8. Sha'baan (شَعْبان)

- Tässä kuussa suositeltavaa paastota

Aisha sanoi:

يَصُومُهُ شَعْبَانَ ثُمَّ يَصِلُهُ بِرَمَضَانَ

"Hänellä (profeetalla ﷺ) oli tapana paastota sha'baanin kuukausi ja yhdistää se ramadaniin." (*Sahih al-Bukhari* 1969, *Sahih Muslim* 1156)

9. Ramadaan (رَمَضان)

- Pakollista paastota koko kuukausi

Allah sanoo :

يَٰٓأَيُّهَا ٱلَّذِينَ ءَامَنُوا۟ كُتِبَ عَلَيْكُمُ ٱلصِّيَامُ كَمَا كُتِبَ عَلَى ٱلَّذِينَ مِن قَبْلِكُمْ لَعَلَّكُمْ تَتَّقُونَ

"Oi te, jotka uskotte, paasto on määrätty teille, kuten se oli määrätty niille, jotka olivat ennen teitä, jotta teistä tulisi niitä, jotka pelkäävät Jumalaa ja ovat tietoisia Hänestä (eli joilla on *tawqaa*)." (2:183)

- Kymmenen viimeisen yön hyveellisyys ja kohtalon yö, jolloin hyvät teot, pyyntörukous ja yörukoukset ovat erityisen rohkaistuja

Profeetta ﷺ sanoi:

إِنَّ هَذَا الشَّهْرَ قَدْ حَضَرَكُمْ وَفِيهِ لَيْلَةٌ خَيْرٌ مِنْ أَلْفِ شَهْرٍ مَنْ حُرِمَهَا فَقَدْ حُرِمَ الْخَيْرَ كُلَّهُ وَلَا يُحْرَمُ خَيْرَهَا إِلَّا مَحْرُومٌ

"Totisesti, tämä kuukausi on esittänyt itsensä teille. Siinä on päivä, joka on parempi kuin tuhat kuukautta. Keneltä ikinä on riistetty se, on riistetty kaikki hyvä. Keneltäkään ei ole riistetty sitä, paitsi että hän on totisesti joutunut riistetyksi." (*Sunan ibn Majah* 1644, *sahih* al-Albaanin mukaan)

Ja hän ﷺ sanoi:

تَحَرَّوْا لَيْلَةَ الْقَدْرِ فِي الْوِتْرِ مِنَ الْعَشْرِ الْأَوَاخِرِ مِنْ رَمَضَانَ

"Tavoitelkaa kohtalon yötä ramadanin viimeisten kymmenen parittomien öistä." (*Sahih al-Bukhari* 2017)

Ja hän ﷺ sanoi:

وَمَنْ قَامَ لَيْلَةَ الْقَدْرِ إِيمَانًا وَاحْتِسَابًا غُفِرَ لَهُ مَا تَقَدَّمَ مِنْ ذَنْبِهِ

"Ja kuka ikinä seisoo rukouksessa kohtalon yönä uskon ja palkkion toivomisen vuoksi, tulee saamaan hänen edelliset syntinsä anteeksi." (*Sahih al-Bukhari* 1901) Kun Aisha kysyi pyyntörukouksesta, jota tuona yönä tulisi sanoa, profeetta ﷺ vastasi siihen:

قُولِي اللَّهُمَّ إِنَّكَ عُفُوٌّ تُحِبُّ الْعَفْوَ فَاعْفُ عَنِّي

"Sano: 'Oi Allah, Sinä olet anteeksiantava. Rakastat antaa anteeksi, joten anna minulle anteeksi.'" (*Sunan at-Tirmidhi* 3513, *sahih* an-Nawawin mukaan)

Ibn Umar sanoi:

كَانَ رَسُولُ اللَّهِ صَلَّى اللَّهُ عَلَيْهِ وَسَلَّمَ يَعْتَكِفُ الْعَشْرَ الْأَوَاخِرَ مِنْ رَمَضَانَ

"Allahin sanansaattajalla oli tapana syrjäytyä hengellisyydestä moskeijaan ramadanin kymmeneksi viimeiseksi yöksi." (*Sahih al-Bukhari* 1921)

Aisha sanoi:

كَانَ النَّبِيُّ صَلَّى الله عَلَيْهِ وَسَلَّمَ إِذَا دَخَلَ الْعَشْرُ شَدَّ مِئْزَرَهُ وَأَحْيَا لَيْلَةُ وَأَيْقَظَ أَهْلَهُ

"Kun ramadanin kymmenen (viimeistä yötä) saapuivat, profeetalla ﷺ oli tapana kiristää vyötärönauhansa (eli olla entistä ahkerampi palvonnassa) ja viettää yöt palvonnassa ja herättää perheensä (rukoilemaan yörukouksia)." (*Sahih al-Bukhari* 2024)

- Ramadanin lopun pakollinen almuvero (*zakat al*-fitr, eli paaston rikkomisen almuvero)

Ibn Umar sanoi:

فَرَضَ رَسُولُ اللَّهِ صَلَّى الله عَلَيْهِ وَسَلَّمَ زَكَاةَ الْفِطْرِ صَاعًا مِنْ تَمْرٍ أَوْ صَاعًا مِنْ شَعِيرٍ عَلَى الْعَبْدِ وَالْحُرِّ وَالذَّكَرِ وَالْأُنْثَى وَالصَّغِيرِ وَالْكَبِيرِ مِنَ الْمُسْلِمِينَ وَأَمَرَ بِهَا أَنْ تُؤَدَّى قَبْلَ خُرُوجِ النَّاسِ إِلَى الصَّلَاةِ

"Allahin sanansaattaja ﷺ teki jokaiselle orjalle, vapaalle, miehelle, naiselle ja nuorelle sekä vanhalle muslimille pakolliseksi maksaa paastonrikkomisen almuverona ('iid ul-fitr) *saa'n* mittayksikön verran taateleita tai *saa'n* mittayksikön verran ohraa (tai muuta paikallista yleisruokaa). Ja hän ﷺ määräsi sen jaettavaksi (köyhille) ennen kuin ihmiset menevät (paaston rikkomis-juhlan aamun) rukoukseen." (*Sahih al-Bukhari* 1503)

10. Shawwal (شَوَّال)

- Paaston rikkomis -juhla (*iid ul-fitr*) on kuun ensimmäinen päivä

- Suositeltavaa paastota kuusi päivää tästä kuusta (ei kuitenkaan ensimmäisenä päivänä)

Profeetta ﷺ sanoi:

مَنْ صَامَ رَمَضَانَ ثُمَّ أَتْبَعَهُ سِتًّا مِنْ شَوَّالٍ كَانَ كَصِيَامِ الدَّهْرِ

"Kuka ikinä paastoaa ramadanin ja sitten seuraa sitä kuudella (paastopäivällä) shawwalina (eli seuraavana kuukautena islamilaisen kalenterin mukaan) on kuin hän olisi paastonnut pitkän ajan (tässä kontekstissa vuoden)." (*Sahih Muslim* 1164)

Thawban raportoi, että profeetta ﷺ sanoi:

صِيَامُ رَمَضَانَ بِعَشْرَةِ أَشْهُرٍ وَصِيَامُ السِّتَّةِ أَيَّامٍ بِشَهْرَيْنِ فَذَلِكَ صِيَامُ السَّنَةِ

"Ramadanin paasto on (palkkiossaan) kuin kymmenen kuukauden paasto ja shawwalin kuuden päivän paasto on (palkkiossaan) kuin kahden kuukauden paasto, joten ne ovat (yhteensä) kuin vuoden paasto." (*Sahih Ibn Khuzaymah* 2115, *sahih* al-Albaanin mukaan)

11. Dhu-l-Qa'da (ذُو القَعْدَة)

12. Dhu-l-Hijjah (ذُو الحِجَّة)

- Pyhiinvaelluksen kuukausi

وَأَذِّن فِى ٱلنَّاسِ بِٱلْحَجِّ يَأْتُوكَ رِجَالًا وَعَلَىٰ كُلِّ ضَامِرٍ يَأْتِينَ مِن كُلِّ فَجٍّ عَمِيقٍ

"Ja julista ihmisille pyhiinvaellus. He tulevat luoksesi jalkaisin ja jäntevien kamelien selässä. He tulevat tulemaan jokaisesta kaukaisesta paikasta,

لِّيَشْهَدُوا مَنَٰفِعَ لَهُمْ وَيَذْكُرُوا ٱسْمَ ٱللَّهِ فِىٓ أَيَّامٍ مَّعْلُومَٰتٍ عَلَىٰ مَا رَزَقَهُم مِّنۢ بَهِيمَةِ ٱلْأَنْعَٰمِ فَكُلُوا مِنْهَا وَأَطْعِمُوا ٱلْبَآئِسَ ٱلْفَقِيرَ

jotta he voisivat todistaa asiat, jotka ovat hyödyksi heille (eli pyhiinvaelluksen palkkion tuonpuoleisessa) ja mainita Jumalan nimeä säädettynä päivinä kiitollisena kaikesta (nelijalkaisesta) karjasta, jonka Hän on heille suonut. Joten syökää siitä ja ruokkikaa epätoivoiset ja köyhät." (22:27-28)

- Hiuksia, kynsiä eikä ihon palasia tule leikata kuun alusta alkaen, kunnes uhraus on teurastettu 10. päivä rukouksen jälkeen

Profeetta ﷺ sanoi:

إِذَا دَخَلَ الْعَشْرُ وَعِنْدَهُ أُضْحِيَةٌ يُرِيدُ أَنْ يُضَحِّيَ فَلَا يَأْخُذَنَّ شَعْرًا وَلَا يَقْلِمَنَّ ظُفُرًا

"Kun näette Dhu-l-Hijjah'n kuun, ja joku teistä tahtoo tarjota uhrauksen, pidättäytyköön hän hiuksien ja kynsien poistamiselta (kunnes uhraus on tarjottu)." (*Sahih Muslim* 1977)

- Hyvien tekojen hyveellisyys kymmenen ensimmäisen päivän aikana

Profeetta ﷺ sanoi:

مَا مِنْ أَيَّامٍ الْعَمَلُ الصَّالِحُ فِيهِنَّ أَحَبُّ إِلَى اللهِ مِنْ هَذِهِ الْأَيَّامِ الْعَشْرَةِ

"Ei ole päiviä, jolloin hurskaat teot ovat rakkaimpia Jumalalle kuin nämä (*dhu'l-hijjah'n*) kymmenen päivää." (*Mishkat al-masabih* 1460, *sahih* al-Albaanin mukaan)

- Kuukauden yhdeksän ensimmäisen päivän paaston suositus niille, jotka eivät ole pyhiinvaelluksessa

Abu Dawud raportoi:

ان رسول الله صلى الله عليه وسلم يَصومُ تِسعَ ذِي الحِجّة

"Profeetalla ﷺ oli tapana paastota (ensimmäiset) yhdeksän *dhu'l-hijjah* päivää (kun hän ei ollut pyhiinvaelluksessa)." (*Sunan Abi Dawud* 2437, *sahih* al-Albaanin mukaan)

- *Arafa*-päivä (9. päivä), jolloin Allah täydellisti uskonnon (5:3) ja sen paastoamisen hyveellisyys niille, jotka eivät ole pyhiinvaelluksessa

Abu Qataadah raportoi, että profeetalta ﷺ kysyttiin *Arafa*-päivän paastoamisesta ja hän ﷺ sanoi:

يُكَفِّرُ السَّنَةَ المَاضِيةَ والبَاقِيةَ

"Se kumoaa menneen vuoden ja tulevan vuoden (pienet) synnit." (*Sahih Muslim* 1162)

- Uhrauksen juhla (*'iid ul-adha*) 10. päivä ja uhraus sekä sen syöminen ja jako rukouksen jälkeen

فَصَلِّ لِرَبِّكَ وَانْحَرْ

"*Joten rukoilkaa Valtiaallenne ja uhratkaa (vain) Hänelle.*" (108:2)

Al-Bara raportoi: "Kuulin profeetan ﷺ antamassa *khutbaa* (eli saarnaamassa) sanoen:

إنَّ أوَّلَ مَا نَبدَأُ مِنْ يَومِنا هَذا أنْ نُصَلِّي، ثُمَّ نَرجِعَ فَنَنحَرَ، فَمَنْ فَعَلَ فَقَدْ أَصابَ سُنَّتَنا

'Ensimmäinen asia, jota tulisi tehdä tänä (ensimmäisenä *'iid ul-adhan*) päivänä on rukoilla. Kun (henkilö) on tullut rukouksesta me teurastamme uhrauksemme (Jumalan nimeen islamilaisella tavalla) ja kuka ikinä tekee niin, on käyttäytynyt *sunnan* mukaisesti.'" (*Sahih al-Bukhari* 951)

- Perheen pää voi uhrata koko perheen puolesta (*Sahih Muslim* 1967)

- 11-13. *dhul-hijjan* päivien ylistykset

وَاذْكُرُوا اللّهَ فِي أَيّامٍ مَعْدُودَاتٍ

"*Ja muistakaa Allahia määrättyinä päivinä (11-13. dhul-hijjan päivät).*" (2:203)

Näitä kutsutaan *tashriiq*-päiviksi, joista profeetta ﷺ sanoi:

أَيّامُ التَّشرِيقِ أَيّامُ أَكلٍ وَشُربٍ

"*Tashriiq*-päivät ovat syömisen, juomisen ja Allahin muistamisen päiviä." (*Sahih Muslim* 1141)

Profeetta ﷺ sanoi:

مَا مِنْ أَيّامٍ أَعظَمُ عِندَ اللّهِ وَلا أَحَبُّ إِلَيهِ مِنَ العَمَلِ فِيهِنَّ مِنْ هَذِهِ الأَيّامِ العَشرِ فَأَكثِرُوا فِيهِنَّ مِنَ التَّهلِيلِ وَالتَّكبِيرِ وَالتَّحمِيدِ

"Ei ole mahtavampia kymmentä päivää Jumalan edessä, jolloin hyvät teot ovat rakkaimpia Hänelle kuin nämä 10 päivää. Täten, resitoikaa runsaasti:

- *Tahliilia* (*Lää iläähä illAllah*: ei ole muuta pyhyyttä palvomisen arvoista kuin Allah),
- *Takbiiria* (*Allaahu Akbar, Allaahu Akbar, lää iläähä illAllah, Allaahu Akbar, Allaahu Akbar wä lilläähi-l-hämd*: Allah on Suurin, Allah on suurin, ei ole muuta pyhyyttä palvomisen arvoista kuin Allah. Allah on Suurin, Allah on Suurin, kaikki ylistykset Hänelle),
- sekä *tahmiidia* (*Äl-hämdu lillääh*: Kaikki kiitos ja ylistys Allahille)." (*Musnad Ahmad* 5446, *sahih* Ahmad Shaakirin mukaan)

91

Profeetta Muhammadin ﷺ elämä

Muslimit ovat kautta aikojen opiskelleet profeetta Muhammadin ﷺ elämää ymmärtääkseen miten Allahin sanansaattaja ﷺ laittoi käytäntöön islamin opetukset ja Koraanin säädökset. Hänestä ﷺ Allah teki esikuvan muslimeille, jotta muslimit voisivat ymmärtää Allahin ilmoitusta elävän esimerkin kautta. Kuka muu ymmärtäisi paremmin aitoa viestiä kuin itse Allahin sanansaattaja ﷺ? Allah sanoi:

لَّقَدْ كَانَ لَكُمْ فِى رَسُولِ ٱللَّهِ أُسْوَةٌ حَسَنَةٌ لِّمَن كَانَ يَرْجُواْ ٱللَّهَ وَٱلْيَوْمَ ٱلْءَاخِرَ وَذَكَرَ ٱللَّهَ كَثِيرًا

"Totisesti, Jumalan sanansaattajassa on teille erinomainen esimerkki - kaikille, joilla on toivoa Allahiin ja viimeiseen päivään ja niille, jotka muistavat Allahia useasti." (33:21)

Tästä syystä profeetta Muhammadin ﷺ elämänkertaa opiskellaan ja Koraanin ja *sunnan* lait laitetaan käytäntöön hänen esimerkkinsä ja käskyjensä mukaisesti. Näin vältämme myös harhassa olevat tulkinnat, joilla ei todellisuudessa ole mitään tekemistä oikean viestin kanssa.

Profeetan ﷺ vaimo Aisha kertoi meille profeetan ﷺ luonteen olevan Koraani, joka opettaa meille jälleen kerran, että Koraania ymmärretään siten, miten hän ﷺ sen meille mallinsi. Ja kuten aiemmin kävimme läpi, niin tänä päivänä muslimit seuraavat profeetan ﷺ seuralaisia, joille hän ﷺ opetti kaiken henkilökohtaisesti ja suoraan.

Qatadah raportoi sanoneensa Aishalle:

يَا أُمَّ الْمُؤْمِنِينَ أَنْبِئِينِي عَنْ خُلُقِ رَسُولِ اللَّهِ صَلَّى اللَّهُ عَلَيْهِ وَسَلَّمَ

"Oi uskovaisten äiti, kerro minulle Jumalan sanansaattajan ﷺ luonteesta."
Aisha sanoi:

أَلَسْتَ تَقْرَأُ الْقُرْآنَ

"Etkö ole lukenut Koraania?"
Sanoin:

بَلَى

"Tietenkin (olen)."
Aisha sanoi:

فَإِنَّ خُلُقَ نَبِيِّ اللَّهِ صَلَّى اللَّهُ عَلَيْهِ وَسَلَّمَ كَانَ الْقُرْآنَ

"Totisesti, Jumalan sanansaattajan ﷺ luonne oli Koraani." (*Sahih Muslim* 746)

Miten henkilö voi siis seurata Koraania, jos hän ei tiedä mitään sanansaattajan elämästä ja tavoista laittaa Koraania käytäntöön? Sanoohan Allah Koraanissa:

وَأَنزَلْنَآ إِلَيْكَ ٱلذِّكْرَ لِتُبَيِّنَ لِلنَّاسِ مَا نُزِّلَ إِلَيْهِمْ وَلَعَلَّهُمْ يَتَفَكَّرُونَ

"Ja Me olemme ilmoittaneet sinulle (Muhammadille) muistutuksen (Koraanin), jotta selittäisit[1] heille sen, mitä heille on lähetetty ja kenties he miettisivät." (16:44)

Muhammadin ﷺ elämästä koottiin raportteja jo seuralaisilta ja tähän kuuluu autenttisia raportteja, joiden kertomaketjun ihmiset tunnetaan sekä raportteja ja tietoja, joiden kertomaketjujen kaikkia henkilöitä ei tiedetä tai heihin ei luoteta. Autenttiset raportit vahvistetaan luotettaviksi ja ne ymmärretään varhaisajan muslimien opettaman kontekstin mukaisesti. Muita kertomuksia ei välttämättä vahvisteta, mutta niitä on myös mukana monessa *siiraa*, eli profeetan ﷺ elämänkertaa käsittelevässä kirjassa. Tämä on hyvä huomioida, ennen paksujen *siirah*-kirjojen lukemista. On myös syytä huomioida, että kaikissa kokoelmissa ei välttämättä olla selitetty kaikkia yksityiskohtia tai syitä erilaisiin tapahtumiin perusteellisesti. Tästä syystä *siiraa*, aivan kuin muitakin islamin aineita on tärkeää opiskella tietävän ja luotettava opettajan kanssa, eikä itsenäisesti, joka helposti johtaa väärinymmärryksiin ja aukkoihin ymmärryksessä. Sanoivathan jo varhaisajan muslimit, kuten Sulayman ibn Muusa:

لا يؤخذ العلم من صحفي

"Älä ota tietoa *sahafilta* (häneltä, joka opiskelee vain kirjoista ilman oppineita tai opettajaa)." (*Tarikh Dimishq* 21/199)

Uskonnon opiskelu ja sen alkuperäisen merkityksen ymmärtäminen ei ole jotain, mitä voi mistä tahansa opiskella, vaan sen sijaan jokaisen tulisi olla lähdekriittinen keneltä uskontonsa ottaa, kuten toinen varhaisajan muslimi Ibn Siiriin sanoi:

إِنَّ هَذَا الْعِلْمَ دِينٌ فَانْظُرُوا عَمَّنْ تَأْخُذُونَ دِينَكُمْ

"Totisesti, tämä tieto on uskonto, joten katsokaa keneltä otatte uskontonne." (*Mishkat al-Masabih* 273, *sahih* al-Albaanin mukaan)

On siis hyvä opiskella islamiakin varovaisesti, eikä uskoa jokaiseen ihmiseen, joka sanoo siitä jotain.

Liittyen *siiran* opiskelemiseen, niin *hadiithien* ja Koraanin *tafsiirin* lisäksi tässä tieteenalassa keskitytään yleensä paksumpiin kirjoihin, joista löytyy yhtenäisemmin ja kronologisemmin koottu elämänkerta. *Hadiithien* ja Koraanin jälkeen lähteenä käytetään yleensä varhaisajan muslimin Ibn Hishaamin *Siirah an-Nabawiyyah* -teosta,

---

[1] Ks. Ibn Kathiirin *tafsiir*.

johon hän on koonnut opettajansa Ibn Ishaqin teoksesta *siiran* lähteiden lisäksi laajasti profeetan ﷺ *siirasta*. Tästä monen osan teoksesta löytyy tänä päivänä eri nimisiä tiivistelmiä, jotka sisältävät sekä autenttisia että ei niin vahvistettuja yksityiskohtia koko profeetan ﷺ elämästä. Opettajien kanssa käydään tavallisesti syventyessä läpi mitkä kertomukset ovat autenttisia, mistä ei ole varmuutta ja mitkä ovat heikkoja. Sen lisäksi *siirassa* opiskellaan enemmän syitä eri tapahtumien takana, joita usein jätetään selittämättä ei-islamilaisissa lähteissä ja tiivistetyissä käännöksissä. *Siiran* opiskelu alkaa yleensä jo profeetta Aabrahamin (rauhaa hänelle) ajalta saakka, joka on siinä mielessä merkittävä henkilö aikajanalla, että hän mm. rakensi Kaaban poikansa Ismaelin kanssa Mekan kaupunkiin, jonne jo heidän ajaltaan lähtien tehtiin pyhiinvaellusta. Aabrahamia pidetään monoteismin esikuvana, jonka jälkeen Mekan ihmiset kuitenkin alkoivat pikkuhiljaa harjoittamaan polyteismia ja tuomaan Mekkaan palvottavia patsaita.

Siiran eri kokoelmista voimme jakaa profeetta Muhammadin ﷺ elämän kolmeen eri osaan. Ensimmäisessä osassa hän ﷺ ei ollut vielä saanut profeetiuudestaan ilmoitusta. Toisessa osassa hänestä ﷺ tuli profeetta ja Jumalan sanansaattaja ja hän asui Mekassa. Viimeisenä osana pidetään taas aikaa, joka alkoi siitä, kun hän muutti Medinaan, jossa hän myös menehtyi.

Ensimmäisessä osassa hän ﷺ oli Mekan kaupungin luotettavimmiksi tunnetuista miehistä, jota sen ajan ihmiset kutsuivat nimellä *As-Saadiq al-amiin*, joka tarkoitta rehellistä luotettavaa. Muhammad ﷺ tunnettiin mm. kaupunkinsa ihmisten arvotavaroiden säilyttäjänä, jotka hän palautti ihmisille muuttaessaan Medinaan, vaikka hänet karkoitettiin huonolla kohtelulla. Hän eli yksinkertaista elämää tuona esi-islamilaisena aikana, ennen kuin hän sai ilmoituksen profeetiuudesta. Hän ei harjoittanut monijumalan palvontaa ja näki tämän jo silloin olevan harhaa. Hänen molemmat vanhempansa olivat menehtyneet hänen olessaan lapsi. Hänen isänsä arvioidaan kuolleen muutama kuukausi ennen Muhammadin ﷺ syntymää, kun taas hänen äitinsä kuoli Muhammadin ﷺ ollessa kuusi. Tämän jälkeen hän siirtyi isoisänsä Abdu-l-Muttalibin huoltajuuteen, joka menehtyi kuitenkin Muhammadin ﷺ ollessa vain kahdeksan. Sen seurauksena hänet otti kuin omaksi pojakseen hänen setänsä Abu Taalib, joka myös rakasti Muhammadia ﷺ erityisen paljon ja tuki tätä koko hänen elämänsä ajan, myös profeetiuudessa. Abu Taalib oli kuitenkin itse liian heikko jättämään sukunsa monijumalan palvomisen tavat paineesta, jota hän koki muilta sukulaisiltaan. Muhammad ﷺ matkusti sen ajan Shaamin alueelle Abu Taalibin kanssa nuorena poikana kahdentoista vuoden iässä, jossa Bahira-niminen kristitty munkki tunnisti Muhammadin ﷺ odotetuksi tulevaksi profeetaksi. Siihen aikaan kirjan ihmisten tiedossa oli uuden profeetan tulo ja jopa juutalaiset asuivat siitä syystä Medinassa - jota siihen aikaan kutsuttiin Jathribiksi, sillä tuo alue aikoi olla heidän tietojensa mukaan paikka, jonne viimeinen profeetta aikoisi tulla. Myöhemmin Muhammadin ﷺ tullessa Medinaan, suuri osa juutalaisista kuitenkin kielsivät Muhammadin ﷺ profeetiuuden, koska tämä ei ollut heidän heimostaan, vaan oli sen sijaan arabi.

Ennen ensimmäistä ilmoitusta profeetta 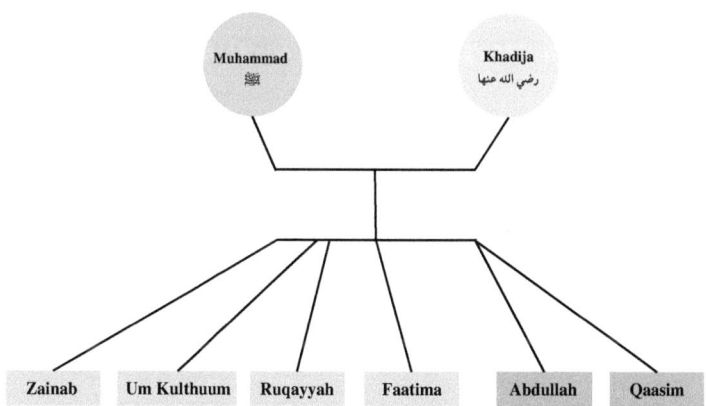 meni naimisiin Khadija-nimisen yrittäjänaisen kanssa, joka oli kosinut profeettaa 鸞 nähdessään tämän erinomaisen luonteen. Khadija oli Muhammadin ensimmäinen ja ainoa vaimo arvioltaan kahdenkymmenenviiden vuoden ajan. He saivat yhdessä kuusi lasta - kaksi poikaa ja neljä tyttöä. Tyttöihin kuului Zeinab, Um Kulthuum, Ruqayyah sekä Faatima ja poikiin kuului Abdullah ja Qaasim.

Muhammadin 鸞 ollessa 35-vuotias, Mekan johtajat näkivät parhaaksi kunnostaa Aabrahamin ja Ismaelin (rauhaa heille) rakentamaa Kaabaa. Vaikka Kaabaan oltiin tuotu polyteismi Aabrahamin ja Ismaelin ajan jälkeen, niin silti se oli pysynyt kaiken tämän aikana kunnioitettuna pyhiinvaelluksen keskiönä, johon ihmiset matkustivat kaukaakin suorittamaan pyhiinvaellusta. Muhammad 鸞 valittiin ratkaisijaksi kunnostamistyöhön asettamaan Kaaban musta kivi kohdilleen, sillä johtajilla oli ollut kiistaa kuka sen saisi tehdä. Muhammad 鸞 kuitenkin reilun luonteensa vuoksi päätti ehdottaa, että jokainen jakaisi tehtävän nostamalla kiveä yhdessä kantoliinojen avulla ja Muhammad 鸞 asetti sen sitten siitä paikoilleen keskeltä. Musta kivi ei ole islamissa asia, jota pidetään pyhänä eikä siunauksen lähteenä, mutta siitä on raportoitu, että profeetta 鸞 sanoi:

نَزَلَ الْحَجَرُ الْأَسْوَدُ مِنَ الْجَنَّةِ وَهُوَ أَشَدُّ بَيَاضًا مِنَ اللَّبَنِ فَسَوَّدَتْهُ خَطَايَا بَنِي آدَمَ

"Musta kivi laskeutui paratiisista ja se oli valkoisempi kuin maito, (mutta) sitten se mustui Aadamin jälkeläisten syntien ansiosta." (*Jami at-Tirmidhi* 877, *sahih* al-Albaanin mukaan)

Neljänkymmenen vuoden iässä Muhammadista 鸞 tuli profeetta, sillä tuolloin hänen 鸞 luokseen tuli enkeli Jibriil käskien tätä lukemaan painostaen häntä puristamalla hänen 鸞 kehoaan. Muhammad 鸞 vastasi tähän, ettei hän osaa lukea ja hän 鸞 oli järkyttynyt tästä valosta, eli enkelistä, joka oli hänelle puhumassa. Jibriil ilmoitti hänelle tässä vaiheessa Koraanin jakeet:

اقْرَأْ بِاسْمِ رَبِّكَ الَّذِي خَلَقَ

"Lue, kautta Valtiaasi, joka on luonut.

خَلَقَ الإِنْسَانَ مِنْ عَلَقٍ

Hän on luonut ihmisen verihyytymästä.

اقْرَأْ وَرَبُّكَ الأَكْرَمُ

Lue, ja Valtiaasi on Anteliain -

الَّذِي عَلَّمَ بِالْقَلَمِ

(Hän) joka on opettanut kynällä (kirjoittamisen).

عَلَّمَ الإِنْسَانَ مَا لَمْ يَعْلَمْ

Hän on opettanut ihmiselle, mitä hän ei tiennyt." (96:1-5)

Tästä tapahtumasta järkyttyneenä Muhammad ﷺ kiiruhti Khadijan luokse täristen ja peläten menettäneen järkensä. Khadija ei ollut muuta kuin tukeva ja hän vahvisti, ettei Jumala koskaan häpäisisi tätä hänen ﷺ jalon luonteensa ja hyvyytensä ansiosta. Khadija tiesi tämän olevan jotain suurempaa ja jaloa, joten hän vei Muhammadin ﷺ puhumaan hänen sedälleen, joka oli Waraqa-niminen uskonoppinut kirjan ihmisten joukosta. Waraqa tiesi mistä oli kyse ja hän vahvisti tämän valon olleen sama enkeli, joka oltiin lähetetty profeetta Moosekselle (rauhaa hänelle). Tämä tapahtuma on raportoitu pitkänä tekstinä al-Bukharin autenttiseen *hadith*-kokoelmaan[1]. Waraqa kuitenkin kuoli pian tämän ilmoituksen jälkeen, mutta tämä ei ollut loppu Muhammadille ﷺ, vaan suuren asian alku. Muhammad ﷺ ei alkuun julistanut viestiään, kunnes hänelle alettiin ilmoittamaan Koraanin muita jakeita, joihin kuului suurah al-Muddathhirin käsky nousta ja varoittaa. Ensimmäisinä Muhammadin ﷺ profetiuuteen uskoivat Khadija, Waraqa, Abu Bakr, Zaid ibn Haarith sekä Ali ibn Abu Taalib. Kolmen ensimmäisen vuoden aikana Muhammad ﷺ ei vielä tehnyt viestistään tahallisesti julkista, vaan sen sijaan piti matalaa profiilia, vaikka arviolta peräti neljäkymmentä ihmistä hyväksyivät jo silloin monoteismin, johon ilmoitukset määräsivät. Ilmoituksen alussa monoteismiin käskeminen ja epäjumalan palvonnan jättäminen olivat keskeisiä aiheita. Jotkut oppineet, kuten Ibn Haafidh olivat sitä mieltä, että rukous tehtiin pakolliseksi tuohon aikaan, joka koostui silloin kahdesta rukousosiosta aamuin ja illoin. Tämän on myös kertonut Ibn Hisham. Vaikka monoteismin kutsu ei ollut vielä julkinen tuohon aikaan, niin sitä oli mahdotonta pitää salassa. Mekan kulttuuri ja uskonto oli siihen aikaan epäjumalien palvonta, jota ihmisten kunnioittamat esi-isät olivat harjoittaneet vuosia. Täten monoteismia paheksuttiin ja katsottiin jopa hulluna vaatimuksena. Osa pitivät tätä jopa niin

---

[1] *Sahih al-Bukharin hadith 4953.*

epäkunnioituksena patsaita ja heidän esi-isiään kohtaan, että heillä oli tapana kiduttaa muslimiksi paljastuneita heikommissa asemissa olevia. Uskonnonvapautta ei siis ollut ja uskovaisten elämästä yritettiin tehdä kamalaa. Jo kolmen ensimmäisen vuoden aikana muslimien verta vuodatettiin, etenkin niiden, joilla ei ollut ketään suojelemassa heitä. Jos henkilöltä puuttui sukua, niin hänen oli siihen aikaan hankalaa pysyä turvassa julmilta ihmisiltä, sillä heillä ei ollut pelkoa verirahan maksusta. Tilanne muuttui niin pahaksi, että jopa ensimmäiset muslimit tapettiin heidän uskonsa vuoksi ja he kuolivat marttyyreina. Kolmantena vuonna viesti oltiin tehty julkiseksi kutsuksi Allahin käskystä. Tuolloin profeetta ﷺ sai ilmoituksen:

وَأَنذِرْ عَشِيرَتَكَ ٱلْأَقْرَبِينَ

"Ja varoita lähintä sukuasi." (26:214)

Profeetta ﷺ nousi Safa-vuorelle ja kutsui Mekan ihmiset koolle. Hän ﷺ kysyi ihmisiltä uskoisivatko he häntä, jos hän ﷺ kertoisi heille, että laaksossa on ratsumiehiä, jotka suunnittelevat ryöstävänsä heidät. Ihmiset vastasivat Muhammadille ﷺ, joka tunnettiin sen ajan luotettavimpana ihmisenä:

نَعَمْ، مَا جَرَّبْنَا عَلَيْكَ إِلَّا صِدْقًا

"Kyllä, emme ole (koskaan) kuulleet sinulta kuin totuutta." Tällöin profeetta ﷺ ilmoitti viestinsä, mutta tähän eräs johtajista ja hänen ﷺ sedistään Abu Lahab oli pikainen vastaamaan agressiivisesti kaikkien edessä toivottaen Muhammadille ﷺ tuhoutumista.[1]

Suurin negatiivisuus tuli aina Mekan johtajilta, jotka pyrkivät jatkuvasti ilkivaltaan ja raakaankin sellaiseen. Heidän pelkonsa taustalla oli Mekan poliittisen tilanteen suojelu, ylpeys, kunnia ja jopa puhdas syrjintä erilaisuutta kohtaan. Muslimit olivat jo sen ajan yhteisössä erilaisia ja muista erottuvia. Jo tuohon aikaan islam oli siis yhteisössä kummallinen asia ja profeetta ﷺ jopa kertoi tämän kummallisuuden tai erilaisuuden olevan jotain, mikä tulisi näkymään myöhempienkin kansojen keskuudessa. Abu Hurairah raportoi, että profeetta ﷺ sanoi:

بَدَأَ الإِسْلَامُ غَرِيبًا وَسَيَعُودُ غَرِيبًا فَطُوبَى لِلْغُرَبَاءِ

"Islam alkoi jonakin kummallisena ja se tulee palaamaan takaisin olemaan (jotakin) kummallista (yhteisöissä), joten ilouutiset kummallisille." (*Sahih Muslim* 145)

Tämä hänen ﷺ lausuntonsa tuo tänäkin päivänä runsaasti lohtua uskovaisille eri puolella maailmaa, jotka tuntevat alistusta ja erilaisuuden tunnetta asuessaan yhteisöissä, joissa he ovat ainoita kaltaisiaan. Joskus jopa muslimien keskuudessa

---

[1] *Sahih al-Bukhari* 4770.

harjoittavat muslimit kokevat syrjintää niiltä, jotka eivät kunnioita harjoittavimpien muslimien valintoja, vaan pitävät näitä liiallisina ja haukkuvat jopa ekstrimisteiksi ilman pätevää syytä.

Ei mennyt kauaa, kunnes mekkalaiset alkovat vakavissaan pohtia Muhammadin ﷺ tappamista huomatessaan, että hän ﷺ julisti viestiä myös niille, jotka matkustivat Mekkaan. He keksivät valheita Muhammadia ﷺ vastaan ja pian ensimmäinen tappoyritys tapahtui Abu Jahalin toimesta. Tämä ei kuitenkaan onnistunut yrityksessään, sillä enkeli Jibriil oli aiheuttanut tälle esteenä harhakuvan tiellä olevasta aggressiivisesta kamelista. Muhammadin ﷺ tappaminen ei ollut helppoa, sillä kukaan ei halunut ottaa tätä tehtävää vastuukseen niskoilleen, sillä hänen ﷺ suvulleen tulisi muuten maksaa veriraha ja Muhammadia ﷺ suojelivat kuitenkin hänen sukulaisensa tai erityisesti hänen setänsä Abu Taalib. Mekkalaiset silti yrittivät ahkerasti ympäripuhua jopa Abu Taalibia luopumaan Muhammadista ﷺ tai puhumaan tälle viestin jakamisen lopettamisesta. Muhammadille ﷺ jopa tarjottiin vastineena rikkauksia, johtajuutta ja naisia, mutta miten hän ﷺ olisi voinut hyväksyä näitä ja lopettaa viestinsä ymmärtäen ilmoituksen tulevan Jumalalta? Jos hän ﷺ olisi ollut tekopyhä tai valehtelija, niin hän ﷺ olisi ottanut lukuisat lahjonnat vastaan, eikä päättänyt valita kärsimystä, jota hän koki elämänsä aikana. Tappoyrityksiä ja muslimien kiduttamista tapahtui ajan kanssa lisää ja jopa osa muslimeista pakenivat viidentenä vuonna Abessiiniaan kristityn kuninkaan luokse, joka heti otti muslimit siipensä alle huomatessaan heidän kertoman profeetan ﷺ vahvistavan sitä, mitä jo kristityissä ilmoituksissa oltiin kerrottu. Myöhemmin tämä kuningas hyväksyi matalalla profiililla islamin ja tämä tiedetään siitä, että profeetta ﷺ rukoili hänelle etänä hautausrukouksen tämän menehdyttyä.

Mekassa jatkui viha muslimeita kohtaan, vaikka samanaikaisesti ihmisiä myös palasi islamiin. Muslimeita kohtaan järjestettiin jopa kolmen vuoden boikotti, jonka lopettamisen ehtona oli, että suvut luovuttaisivat profeetan ﷺ Mekan johtajien haltuun tai viesti loppuisi. Tämän boikotin aikana muslimit kärsivät äärettömän rajusta nälänhädästä. Kidutus kesti peräti kolme vuotta, mutta osa Mekan asukkaista eivät kuitenkaan olleet täysin hyväksyväisiä tätä epäinhimillistä boikottia kohtaan. Olihan heilläkin sukulaisia niiden joukossa, joita boikotoitiin. Pikkuhiljaa boikottia pyrittiin muutaman asukkaan toimesta purkaamaan ja heidän astuessaan puheenvuoroon, Abu Taalib kertoi Muhammadin ﷺ saaneen ilmoituksen, että paperisopimuksen on syönyt hyönteiset täysin, lukuunottamatta kohtaa, jossa luki "Allahin nimeen." Johtajat tekivät ylimielisyydestään ja osittain myös kansalaisten painostuksesta sopimuksen, että mikäli tämä osoittautuisi todeksi, niin boikotti purettaisiin ja näin tapahtui. Tämä tapahtui kymmenentenä vuonna, jolloin Abu Taalib myös menehtyi uskottomana. Vuotta sanotaan surun vuodeksi, sillä profeetta ﷺ menetti myös rakkaan vaimonsa Khadijan pian Abu Taalibin kuoleman jälkeen. Profeetta ﷺ matkusti myös Taifiin kutsumaan ihmisiä islamiin, mutta vastaanotto oli väkivaltainen. Matkalla hän ﷺ sai kuitenkin lohtua kääntyessään Allahin puoleen ja hänen ﷺ toivonsa nousi eri tapahtumien ansiosta. Ihmisiä alkoi kuitenkin hyväksymään islamia entistä enemmän ajan kanssa ja jopa ulkopuolisista heimoista. Pian jonkin verran Medinalaisia hyväksyivät islamin, joka oli alku tulevalle hyvälle. Medina tunnettiin silloin nimellä Jathrib ja tämä oli kaupunki, jossa asui valtavasti juutalaisia, sillä heidän ilmoituksissaan Medinaa kuvastava kaupunki tulisi olemaan paikka, jossa uusi Jumalan profeetta tulisi ilmaantumaan. He siis asuivat siellä odottaen profeetan 🕌 tuloa, vaikka suuri osa heistä päätyivätkin hylkäämään viestin siitä syystä, että Muhammad 🕌 oli arabi, eikä heidän suvustaan. Jathribissa asui lisäksi kaksi arabiheimoa - Aws ja Khazraj, joilla oli tapana taistella toisiaan vastaan ennen islamia. *Isra' wal mi'raj* -niminen yöllinen matka vahvisti taas profeetan 🕌 uskoa ennen tulevaa muuttoa ja silloin viisi päivittäistä rukousta määrättiin muslimeille. Ennen maastamuuttoa, eli hijraa profeetta 🕌 sai kaksi erillistä uskollisuuden valaa osalta medinalaisista ja pian islam levisi talosta taloon Medinassa.

Muslimeja alkoi pikkuhiljaa muuttamaan Medinaan jo näiden valojen aikoina, mutta profeetta 🕌 valmisteli lähtöään pitkään ja odotti Allahilta lupaa lähteä. Mekkalaiset olivat raivostuneita muslimien yrityksestä paeta ja he pelkäsivät muslimien menestyvän muualla, joten he pyrkivät kaikin voimin estämään lähtijöitä. Osa perheistä lähtivät osissa ja osa salaa, osa öisin ja osaa jopa estettiin. Mekkalaiset kiduttivat heikompia ja varastivat omaisuuksia muslimeilta niin, että he lähtivät Medinaan toivosta uskoen, että siellä he saavat harjoittaa uskontoaan vapaasti, vaikka heillä ei ollut mitään omaisuutta eikä edes asuntoja vastassa. Jopa muslimit, jotka olivat olleet Mekassa rikkaita, menettivät omaisuutensa ja lähtivät tyhjin käsin kohti vapautta. Vain osa heistä onnistuivat ottamaan mukaan omaisuutensa - tai ainakin jonkin verran siitä, jos heillä oli voimakas ja turvallinen asema.

Koska medinalaiset muslimit ottivat muuttajia vastaan avokätisesti, niin Mekasta tulleet muslimit löysivät edes jotain uudesta määränpäästään ja selviytyivät. Medinalaiset muslimit olivat jopa niin anteliaita, että heitä alettiin kutsumaan auttajiksi, eli ansaareiksi.

Mekan polyteistien viha ja raivo tilannetta kohtaan alkoi vain kasvaa huomatessaan niin monen muslimin lähteneen, ja he halusivat tehdä kaikkensa, että profeetta 🕌 kuolisi. He päättivät, etteivät he halua päästää profeettaa 🕌 lähtemään, vaan ainoa ratkaisu olisi tappaa hänet. Lopulta he päätyivät tähän päätökseen, mutta Allah suojeli profeettaa 🕌, joka sai luvan lähteä suorittamaan muuttoa, eli hijraa hänen 🕌 uskollisen ystävänsä Abu Bakrin kanssa. Muutto muuttui jo alkuun jahdiksi ja tämä mekkalaisten aggressiivisuus oli vain alku tulevalle sodalle, jota mekkalaiset alkoivat nyt valmistelemaan tuhoakseen muslimit, jotta heidän suosionsa ei kasvaisi muualla. Muslimien suosion kasvu olisi mahdollinen uhka mekkalaisille myöhemmin. Jo nyt he lähettivät uhkauksia Medinan tekopyhille, jotta he liittoutuisivat mekkalaisten kanssa muslimeita vastaan. Tilanne oli siis jäänyt kireäksi ja tämä oli alku tuleville Medinan ajalla tapahtuville sodille.

Profeetta 🕌 ehti elää kolmetoista vuotta Mekassa profeettana ja seuraavat kymmenen vuotta hän 🕌 vietti Medinassa menehtyen yhdennentoista vuoden alussa. Tuon Medinaan muuttamisen, eli hijran jälkeistä aikaa kutsutaan Medinan ajaksi. Vaikka mekkalaiset olivat suuri uhka, niin siihen aikaan ei sotaa eikä hyökkäystä tavallisesti aloitettu äkkipikaisesti. Sitä varten valmisteltiin mm. käymällä kauppaa, ostamalla voitoilla aseita, suunnittelemalla hyökkäystä ja sotilaiden tulevia ravinnon-lähteitä, hyökkäyksen salaisuutta tai julistamista ja usein myös lainaamalla aseita. Oli myös tärkeää suunnitella sopiva ajankohta, jolloin hyökkäys tehtäisiin, sillä pyhien kuukausien aikana ei sodittu ja kuumimpaan aikaan vuodesta ei myöskään haluttu yleensä sotia, sillä se heikentäisi sotilaita ja vaatisi paljon vettä.

Kun mekkalaiset kävivät läpi suunnitelmiaan rauhallisessa tahdissa, niin Medinassa keskityttiin uuteen alkuun. Profeetta 🕌 muutti Medinaan rauhaa tavoitellen, joten hän 🕌 teki jo alkuun juutalaisten heimojen kanssa *Sahiifah*-rauhan sopimuksen. Osa juutalaisista hyväksyivät islamin, mutta suurimmalla osalla oli hyvin negatiivinen ja ärtynyt asenne tätä arabiprofeettaa kohtaan. Silti profeetta 🕌 tavoitteli rauhaa ja sopi syystäkin rauhansopimuksia eri heimojen kanssa. Ikävä kyllä, myöhemmin hän 🕌 tuli näkemään näiden heimojen rikkovan sopimuksia muslimien rauhanyrityksistä huolimatta.

Medinan aikaa kuvaillaan sotaisaksi ja tämä ei johtunut siitä, että profeetta 🕌 olisi halunut valloittaa alueita ja tappaa uskottomia. Sen sijaan hän 🕌 tavoitteli rauhaa ja vapautta julistaa viestiään niille, jotka sitä etsivät. Uskottomana saattaa olla hankalaa ymmärtää, miksi joku yrittää käännyttää muita omaan uskontoon. Uskovaisena vasta ymmärtää paremmin sen, että jokaisen ihmisen haluaa pelastaa tulen rangaistukselta. Kuitenkin, Allah johdattaa ketä Hän tahtoo ja meidän tehtävämme on vain ilmoittaa viestistä ja jokainen on vastuussa itse valinnoistaan. Tämä oli myös profeetan 🕌 tavoista, eikä uskontoon pakottaminen, vaikka tietämättömät tykkäävät näin ajatella. Meillä ei kuitenkaan ole profeetan 🕌 elämänkerrasta mitään todistetta oikeasta kontekstista otettuna, joka viittaisi siihen, että profeetta 🕌 pakottaisi ihmisiä, jotka eivät usko uskontoon. Edes Allah ei hyväksy uskontoa, joka on omaksuttu vain tekopyhyydestä tai pakotuksesta. Allah sanoo:

فَمَن شَآءَ فَلْيُؤْمِن وَمَن شَآءَ فَلْيَكْفُرْ

"Kuka ikinä tahtoo, niin uskokoon hän, ja kuka ikinä tahtoo (epäuskoa), niin epäuskokoon hän." (18:29)

Ja Hän sanoo:

لَا إِكْرَاهَ فِي الدِّينِ

"Uskontoon ei ole pakkoa." (2:256) [1]

---

[1] Tämä jae on käännetty sen merkityksen mukaisesti. Uskonnossa on asioita, jotka ovat pakollisia, mutta ketään ei voi pakottaa uskontoon. Kuten Allah sanoi:

إِنَّكَ لَا تَهْدِى مَنْ أَحْبَبْتَ وَلَكِنَّ ٱللَّهَ يَهْدِى مَن يَشَآءُ

"Totisesti, sinä et johdata ketä rakastat, vaan Allah johdattaa ketä Hän tahtoo." (28:56)

Mitä enemmän profeetan ﷺ elämänkertaa opiskelee, niin sitä enemmän stereotypioita sekä valheellisia juoruja rikkoutuu ja opimme, miten paljon hän ﷺ aidosti halusi hyvää ihmiskunnalle. Profeetta ﷺ kuvaili itse tehtäväänsä sanoen:

إِنَّمَا مَثَلِي وَمَثَلُ النَّاسِ كَمَثَلِ رَجُلٍ اسْتَوْقَدَ نَارًا، فَلَمَّا أَضَاءَتْ مَا حَوْلَهُ جَعَلَ الْفَرَاشُ وَهَذِهِ الدَّوَابُّ الَّتِي تَقَعُ فِي النَّارِ يَقَعْنَ فِيهَا، فَجَعَلَ يَنْزِعُهُنَّ وَيَغْلِبْنَهُ فَيَقْتَحِمْنَ فِيهَا، فَأَنَا آخُذُ بِحُجَزِكُمْ عَنِ النَّارِ، وَأَنْتُمْ تَقْتَحِمُونَ فِيهَا

"Minun esimerkkini ja esimerkki ihmisistä on kuin mies, joka teki tulen ja kun se valaisi sen, mitä sen ympärillä on, niin yöperhoset ja muut hyönteiset alkoivat tippua tuleen. Mies yritti estää niitä, mutta ne ylivoimaisesti kiirehtivät sinne (tuleen). Ja minä (samankaltaisesti) otan otteita vyötäröidenne solmuista estääkseni teitä tippumasta tuleen, mutta te vaaditte ehdottomasti saada tippua sinne." (*Sahih al-Bukhari* 6483)

Lisäksi Allah sanoo profeetasta ﷺ:

﴿لَقَد جَاءَكُم رَسُولٌ مِن أَنفُسِكُم عَزِيزٌ عَلَيهِ مَا عَنِتُّم حَرِيصٌ عَلَيكُم بِالمُؤمِنِينَ رَؤُوفٌ رَّحِيمٌ﴾
"Totisesti, teidän joukostanne on tullut sanansaattaja (Muhammad ﷺ). Häntä surettaa teidän kärsimyksenne, hän on huolissaan teistä (siitä, että saatteko te oikealle tielle johdatusta) ja hänellä on empatiaa ja armoa uskovaisia kohtaan."
(9:128)

Medinan aika siis tunnetaan sotaisana ja tämä ei johtunut siitä, että Muhammad ﷺ olisi hyökännyt kaikkien kimppuun, joiden kimppuun voi hyökätä tavoitellen uskonnon pakottamista. Se johtui yksinkertaisesti vainosta, jota muslimit kokivat ulkopuolisilta heimoilta erityisesti siksi, että muslimien asema alkoi kasvamaan ja tästä seuraa myös luonnollisesti se, että heidän vaikutuksensa myös alkaisivat vaikuttamaan muihin. Tätä ympärillä olevat heimot ja kansat eivät halunneet, eivätkä myöskään sitoutumista Medinassa ilmotettuihin lakeihin, kuten alkoholikieltoon, uhkapelikieltoon ja esimerkiksi koron kiskomisen kieltoon, johon monen heimon elanto perustui. Arabianniemimaan ihmiset tunnettiin jo muutenkin sotaisina kansoina, joilla oli tapana taistella vallasta ja asemasta, joten ei ollut ihme, että niin moni halusi tuhota kasvavaa suositota saavan ryhmän.

Tunnettu islamin oppinut ja *siiraan*, eli profeetan ﷺ elämänkertaan perehtynyt Ibn al-Qayyim sanoi:

وَلَمْ يُكْرِهْ أَحَدًا قَطُّ عَلَى الدِّينِ وَإِنَّمَا كَانَ يُقَاتِلُ مَنْ يُحَارِبُهُ وَيُقَاتِلُهُ وَأَمَّا مَنْ سَالَمَهُ وَهَادَنَهُ فَلَمْ يُقَاتِلْهُ وَلَمْ يُكْرِهْهُ عَلَى الدُّخُولِ فِي دِينِهِ

"Ja hän (profeetta ﷺ) ei koskaan pakottanut uskontoa kenenkään ylle, vaan taisteli vain niitä vastaan, jotka kävivät sotaa häntä ﷺ vastaan ja taistelivat häntä ﷺ vastaan. Ja mitä tulee niihin, jotka tekivät rauhan- tai luottamuksen sopimuksia hänen ﷺ kanssaan, niin hän ﷺ ei koskaan taistellut heitä vastaan, eikä pakottanut heitä uskontoon." (*Hidayat al-hayara* 1/237)

Al-Bara' raportoi, että profeetta ﷺ sanoi:

إِنَّ الْأُلَى قَدْ بَغَوْا عَلَيْنَا إِذَا أَرَادُوا فِتْنَةً أَبَيْنَا

"Totisesti, he olivat ensimmäisiä, jotka tekivät rikkomuksia meitä kohtaan. Jos he halusivat vainoa, me kielsimme sen." (*Sahih al-Bukhari* 2638)

Tämän lisäksi Allah sanoo:

وَقَاتِلُوا فِى سَبِيلِ اللهِ الَّذِينَ يُقَاتِلُونَكُمْ وَلَا تَعْتَدُوا ۚ إِنَّ اللهَ لَا يُحِبُّ الْمُعْتَدِينَ

"*Taistelkaa Allahin tiellä niitä vastaan, jotka taistelevat teitä vastaan ja älkää ylittäkö rajoja. Totisesti, Allah ei rakasta rajojen rikkojia.*" (2:190)

Profeetan ﷺ seuralainen Ibn Abbaas sanoi jakeesta:

لَا تَقْتُلُوا النِّسَاء وَلَا الصِّبْيَانَ وَلَا الشَّيْخَ الْكَبِيرَ وَلَا مَنْ أَلْقَى إِلَيْكُمُ السَّلَمَ وَكَفَّ يَدَهُ فَإِنْ فَعَلْتُمْ هَذَا فَقَدِ اعْتَدَيْتُمْ

"**Älkää tappako naisia, lapsia, vanhuksia älkääkä niitä, jotka tulevat luoksenne tarjoten rauhaa tai pidättäytyvät taistelemiselta. Jos teette niin, niin olette totisesti rikkoneet rajoja.**" (*Tafseer at-Tabari* 2:190)

Tämä on mitä profeetta ﷺ opetti sodan säädöksistä. Ja Allah sanoo:

فَمَا اسْتَقَامُوا لَكُمْ فَاسْتَقِيمُوا لَهُمْ ۚ إِنَّ اللهَ يُحِبُّ الْمُتَّقِينَ

"*Joten niin kauan, kun he ovat hyviä teitä kohtaan, niin olkaa hyviä heitä kohtaan. Totisesti, Allah rakastaa hurskaita.*" (9:7)

Kerran eräs mies lähestyi Ibn Umaria ja sanoi: "Oi Abu Abdur-Rahman, kerro meille taistelemisesta vainoamisen aikana (kun muslimeita vainottiin) ja Allah sanoi: '*Taistelkaa, kunnes ei ole enää vainoa*' (2:193)?" Ibn Umar vastasi:

هَلْ تَدْرِي مَا الْفِتْنَةُ ثَكِلَتْكَ أُمُّكَ إِنَّمَا كَانَ مُحَمَّدٌ صَلَّى اللهُ عَلَيْهِ وَسَلَّمَ يُقَاتِلُ الْمُشْرِكِينَ وَكَانَ الدُّخُولُ فِي دِينِهِمْ فِتْنَةً وَلَيْسَ كَقِتَالِكُمْ عَلَى الْمُلْكِ

"**Tiedätkö, mitä vainoaminen on? Surekoon äitisi sinua! Muhammad ﷺ taisteli polyteistejä vastaan vain silloin, kun uskonnon harjoittamista vainottiin. Se ei ollut kuin teidän taistelunne, jota teette johtajuuden vuoksi.**" (*Sahih al-Bukhari* 6682)

Ibn al-Qayyim sanoi:

من مقصود الجهاد أن يدفع عن نفسه وعن المسلمين

"*Jihadin* tarkoituksista on, että henkilö puolustaa itseään ja muslimeita." ('*Uddat as-Sabirin* 1/32)

Ibn Taymiyyah kirjoitti:

فأما الباغي من غير قتال فليس في النص أن الله أن أمر بقتاله بل الكفار إنما يقاتلون بشرط الحراب كما ذهب اليه
جمهور العلماء وكما دل عليه الكتاب والسنة

"Ja mitä tulee syntiseen, joka ei taistele, niin ei ole mitään tekstiä, jossa Allah
määräisi, että hänet tulee taistella. Pikemminkin, epäuskovia vastaan taistellaan
sillä ehdolla, että he julistavat sodan, kuten on enemmistön oppineista harjoitus ja
kuten se tulee esille Kirjassa ja *sunnassa*." (*An-Nubuwat* 1/140)

Ad-Dahhak kommentoi jakeita 9:32-33 sanoen:

يُرِيدُونَ أَنْ يُهْلِكَ مُحَمَّدٌ وَأَصْحَابُهُ أَنْ لَا يَعْبُدُوا اللَّهَ بِالْإِسْلَامِ فِي الْأَرْضِ

"He aikoivat tuhota Muhammadin ja hänen seuralaisensa niin, että Allahia ei
palvottaisi islamilla (eli monoteismilla) maan päällä." (*Tafsiir Ibn Abii Haatim*
9:32)

On siis väärin - vaikkakin hyvin yleistä - olettaa toisin tai tehdä johtopäätöksiä ottaen
hadiithien tai Koraanin jakeiden käännöksiä ilman kontekstia ja väittää valheita
profeetasta 鐵 ja hänen elämässään tapahtuneista tilanteista ilman taustatietoa tai syitä
eri tilanteiden takana. Valheen levittäminen uskonnosta on niin haitallista, että se ei
pelkästään ole valhetta ja anna väärää kuvaa niille, jotka ovat johdatuksen tarpeessa,
vaan myös vaikuttaa negatiivisesti siihen, miten muslimeita kohdellaan, kiusataan ja
jopa pahoinpidellään. Teon haitallisuuden vakavuuden ansiosta profeetta 鐵 sanoi:

لَا تَكْذِبُوا عَلَيَّ، فَإِنَّهُ مَنْ كَذَبَ عَلَيَّ فَلْيَلِجِ النَّارَ

"Älkää valehdelko minusta (tai minua vastaan), sillä hän, joka valehtelee minusta
tulee totisesti menemään helvettiin." (*Sahih al-Bukhari* 106)

Medinan ajan alun jälkeen, kun rauhaa pyrittiin saavuttamaan uuteen asuinpaikkaan ja
ensimmäistä moskeijaa alettiin rakentamaan muiden tehtävien lisäksi, niin myös
puolustusvoimia oli vain viisasta alkaa keräämään ja kokoamaan. Mekkalaisten tuleva
hyökkäys oli tiedossa ja jotain oli pakko tehdä asialle uhan vuoksi. Mekkalaiset
johtajat kävivät järjestelmällistä harkittua kauppaa kootakseen itselleen sotavälineitä,
kuten siihen aikaan oli tapana tehdä ennen sotaa. Muslimeita oli vielä sen verran
vähän, että heidän ei ollut mahdollista luottaa pelkästään sotilaidensa määrään
tukeutumiseen, vaan sen sijaan heidän oli vain viisasta pyrkiä estämään näitä
mekkalaisten kaupankäyntejä ja hyökätä heidän karavaaneihinsa, joiden voitot oli
tarkoitus kohdistaa muslimien tappamiseen. He järjestäytyivät mekkalaisten
kauppareittien vaanimiseen ja yrittivät kaapata takaisin menetettyjä omaisuuksiaan ja
estää aseiden keruuta ja kaikkea, mikä siihen olisi eduksi. Todellisuus ei siis ollut
stereotypia barbaarisista huvin vuoksi suoritetuista ryöstöistä.
Pian asiat johtivat toisiin ja sodan ajankohta tuli selkeäksi. Muslimit joutuivat nyt
lähtemään sotaan mekkalaisia vastaan. Tätä sotaa sanotaan Badrin taisteluksi ja

se on yksi tunnetuimmista taisteluista siksi, että se oli ensimmäinen sota, johon muslimit osallistuivat ja heitä oli vain noin 300, kun taas mekkalaisia oli heitä vastassa noin 1000 sotilasta. Määrä oli ylivoimaisesti enemmän kuin muslimeita, mutta silti muslimit onnistuivat voittamaan mekkalaiset Allahin avulla. Tätä pidettiin ihmeenä siihenkin aikaan ja muslimien maine muuttui vahvaksi, joka oli toisaalta heidän edukseen, mutta toisaalta muut heimot pitivät heitä ja heidän vaikutustaan nyt uhkana ja viha ja kateus muslimeita kohtaan kasvoi. Badrin taistelussa muslimit saivat arvokkaita sotavoittoja ja koska voitto ei voinut olla kuin Allahin avulla onnistunut, niin moni hyväksyi islamin vaikuttuneina.

Tästä kuitenkin loppupeleissä seurasi ikävä ketju tapahtumia, sillä muslimien tietoon tuli muiden heimojen suunnitelmia hyökätä muslimien kimppuun jo tuona vuonna ja tulevina vuosina ulkoisten heimojen suunnitelmat tuhota muslimit lisääntyivät. Medinan vuodet koostuvat paljolti näiden hyökkäysten estämisestä, sodista, jotka johtuivat näistä ja myös profeetan 🕌 tappoyrityksistä, yksittäisten tai joidenkin muslimien murhaamisesta, joita ympärillä olevien heimojen jäsenet tai johtajat tekivät, rauhansopimusten rikkomisista ja muista yksittäisistä petoksista. Ei ole oikeudenmukaista väittää, että muslimien ei olisi pitänyt puolustautua eikä estää vihollisen yritystä tuhota heitä. Jokainen johtaja tekisi päätöksen olla se, joka estää muita satuttamasta omaa kansaansa niin kauan, kun se on mahdollista. Muslimit armahtivat osaa kansoja tai yksilöitä tietyin ehdoin, jotta he voisivat ylläpitää silti omaa turvallisuuttaan. Osalle he eivät olleet yhtä armollisia riippuen petoksen vakavuudesta ja uudelleen petetyksi tulemisen uhan määrän arviosta. Kun opiskelemme tarkemmin *siiraa*, niin opimme eri hyökkäysten ja kuolemantuomioiden takana olleet syyt. Jopa mekkalaiset pyrkivät uuteen hyökkäykseen tavoitellen liittoutua muiden heimojen kanssa muslimeita vastaan. Olivathan he menettäneet kunniansa jo Badrin taistelun tappiossa, jonka jälkeen koston yritykset jatkuivat. Toinen kuuluisimmista taisteluista oli muslimeita kohtaan tehty suurimmista petoksista, jossa lukuisat heimot liittoutuivat mekkalaisten kanssa juonimaan muslimeita vastaan tavoitellen muslimien tuhoa. Jopa juutalaiset rauhansopimuksen solminneet naapurit pettivät muslimeita liittoutuen salaa heitä vastaan. Viholliset suunnittelivat hyökkäystä muslimien kimppuun raa'alla aikomuksella lähes joka suunnasta. Tätä taistelua sanotaan al-Ahzabin taisteluksi, joka tarkoittaa vallihaudan taistelua. Taistelu sijoittuu viidennelle hijran vuodelle ja muslimit saivat selville, että noin 10 000 sotilasta on hyökkäämässä heidän kimppuunsa. Muslimeilla oli tuohon aikaan vain 3000 sotilasta ja armeijoiden suuruuden ero oli järkyttävä. Miten ihmeessä he selviytyisivät tästä varsinkin, kun he saivat selville, että jopa kaupungin takaa heitä vastaan oltiin liittouduttu? Tästä taistelusta ei selvitty kuin Allahin luvalla ja ihmeitä tapahtui. Muslimit kaivoivat vallihaudan kaupungin rajalle ja pyrkivät tällä pysymään suojassa. Tapahtumat purkautuivat muslimien eduksi Allahin luvalla ja tilanne päätyi kuukauden päästä siihen, että suuri tuulinen myrsky esti vihollisia astumasta kaupunkiin. Toiselta puolelta kaupunkia oltiin onnistuttu taktisesti suojaamaan sieltä tavoittelevien juutalaisten reitti Medinaan. Myöhemmin juutalaiset valitsivat itselleen Tooran mukaisen tuomion muslimeilta jäädessään kiinni ja muslimien saadessaan heidät haltuunsa sodan jälkeen. Medinan aikaan tapahtui sodissa ihmeitä Allahin luvalla ja on ihme, miten muslimit selviytyivät näistä kaikista sodista. Tämä ei olisi mahdollista ilman suurempaa voimaa. Allah sanoi:

يَـٰٓأَيُّهَا ٱلَّذِينَ ءَامَنُواْ ٱذْكُرُواْ نِعْمَةَ ٱللَّهِ عَلَيْكُمْ إِذْ جَآءَتْكُمْ جُنُودٌ فَأَرْسَلْنَا عَلَيْهِمْ رِيحًا وَجُنُودًا لَّمْ تَرَوْهَا ۚ وَكَانَ ٱللَّهُ بِمَا تَعْمَلُونَ بَصِيرًا

"Oi te, jotka uskotte, muistakaa Allahin suosio teille, kun teitä vastaan tuli vihollisten armeijat ja Me lähetimme heitä vastaan tuulen ja voimia, joita te ette nähneet (eli enkeleitä Ahzabin taistelussa). Ja Allah on Kaikkitietävä ja Näkevä.

إِذْ جَآءُوكُم مِّن فَوْقِكُمْ وَمِنْ أَسْفَلَ مِنكُمْ وَإِذْ زَاغَتِ ٱلْأَبْصَـٰرُ وَبَلَغَتِ ٱلْقُلُوبُ ٱلْحَنَاجِرَ وَتَظُنُّونَ بِٱللَّهِ ٱلظُّنُونَا۠

(Ja muistakaa) kun he lähestyivät teitä ylhäältä ja alhaalta ja silmät kasvoivat villeiksi ja sydämet ylettyivät kurkkuun ja te omasitte oletuksia Allahista." (33:9-10)

Allahin avulla tilanteessa kuin tilanteessa islamia ei onnistuttu päihittämään, vaan sen sijaan ihmisiä palasi runsain joukoin siihen. Petoksia ja tapahtumia oli lukuisia, raakoja sellaisia ja vainoja, joita onnistuttiin enimmäkseen väistämään. Medinan ajan lopulla kuitenkin muslimien määrä kasvoi niin paljon, että asiat alkoivat kääntymään entistä enemmän muslimien eduksi. Totuus alkoi kukoistaa ja jopa mekkalaisten kanssa saatiin sovittuarauhan sopimus, vaikka tuo sopimus olikin riistänyt muslimien oikeuksia verrattuna sopimuksessa mainittuihin mekkalaisten oikeuksiin. Sopimukseen ajauduttiin muutaman tapahtuman seurauksena, joita johti se, että muslimitkin halusivat suorittaa pyhiinvaellusta vapaasti Mekkaan. Näiden tapahtumien kautta päädyttiin mekkalaisten säätämään rauhansopimukseen. Ei kuitenkaan kestänyt vuosia, kunnes Mekan liittolaiset pettivät muslimien liittolaisia, joita muslimit sopimuksen mukaan olivat luvanneet puolustaa. Tässä vaiheessa muslimeita oli jo niin suuri määrä, että he kerrassaan valtasivat koko Mekan niin rauhanomaisesti, että mekkalaiset eivät enää uskaltaneet edes puolustautua. Sen sijaan he anelivat, ettei sotaan lähdettäisi, vaan muslimit hylkäisivät liittolaisensa ja pettäisivät lupauksensa heitä kohtaan. Tätä ei kuitenkaan tehty, sillä muslimit pitivät sanansa ja olivat lojaaleja. Mekkalaiset pelkäsivät henkeä edestä, mutta profeetta ﷺ oli jalon luonteensa ansiosta ilmoittanut heille, että mitään sotaa ei tapahdu Mekassa, jos Mekka ja Kaaba saadaan muslimien haltuun rauhanomaisesti, jotta se voitaisiin puhdistaa polyteismista ja palauttaa alkuperäiseen Aabrahamin uskontoon. Näin tapahtui ja tämän seurauksena ihmisiä palasi islamiin joukoittain. Monet olivat venyttäneet islamin hyväksymistä siihen asti, kunnes he todistaisivat tämän pienen ryhmän totisesti päätyvän siihen, että he puhdistavat Mekan polyteismista takaisin alkuperäiseen muotoonsa ja se päätyisi ihmeen lailla kaiken jälkeen heidän haltuunsa. Allah ilmoitti jakeen voitosta ja profeetan ﷺ elämän loppuajasta:

إِذَا جَآءَ نَصْرُ ٱللَّهِ وَٱلْفَتْحُ

"Kun Allahin apu ja voitto saapuu

وَرَأَيْتَ ٱلنَّاسَ يَدْخُلُونَ فِى دِينِ ٱللَّهِ أَفْوَاجًا

ja näet ihmisten astuvan Allahin uskontoon joukoittain,

فَسَبِّحْ بِحَمْدِ رَبِّكَ وَٱسْتَغْفِرْهُ إِنَّهُ كَانَ تَوَّابًا

niin ylistä Valtiastasi Hänen ylistyksillään ja pyydä Häneltä anteeksiantoa.
Totisesti, Hän on ikuisesti katumuksen Hyväksyjä." (110:1-3)

Vaikka Mekan polyteistit olivat tehneet raakoja ja julmia tekoja vuosien ajan
muslimeita kohtaan, niin nyt, kun muslimeilla oli jo niin voimakas asema,
profeetta ﷺ päätti armahtaa heidät kaikki sen sijaan, että hän kostaisi heille.
Vielä jonkin verran hyökkäyksiä yritettiin tehdä muslimeita kohtaan, mutta
mikään armeija ei kuitenkaan onnistunut tukahduttamaan totuuden viestiä.
Yhdennentoista vuoden alussa, vain vähän aikaa edellisvuonna tapahtuneen
profeetan ﷺ pyhiinvaelluksen suorittamisen ja sen rituaalien opettamisen sekä
Arafa-päivän hyvästelypuheen jälkeen hän ﷺ menehtyi kotonaan ja siihen hänet
ﷺ haudattiin hänen ohjeistuksensa mukaisesti.

Hänen ﷺ elämänsä tuo epäilemättä esille islamin aitoa viestiä, joka ohjaa
totuuteen, elämän aidon tarkoituksen toteuttamiseen, armollisuuteen ja
oikeudenmukaisuuteen, lempeyteen, hyvyyteen, anteliaisuuteen, yhteisön
harmonian toteuttamiseen, sielun puhdistamiseen ja hyviin käytöstapoihin. Vain
tietämätön ja hukassa oleva sanoisi toisin.

Hänen ﷺ vaikutuksensa näkyy miljoonien ihmisen elämässä ja hän ﷺ aina pyrki
rakentamaan ihmisille suhdetta heidän Luojansa kanssa. Jopa itsestään hän ﷺ
sanoi:

لَا تُطْرُونِي كَمَا أَطْرَتِ ٱلنَّصَارَى ٱبْنَ مَرْيَمَ فَإِنَّمَا أَنَا عَبْدُهُ فَقُولُوا عَبْدُ ٱللَّهِ وَرَسُولُهُ

"Älkää liioitelko ylistämistäni kuin kristityt liioittelivat Mariamin pojan (eli
Jeesuksen) ylistämistä, sillä totisesti olen vain Hänen palvelijansa, joten
sanokaa minua Allahin palvelijaksi ja sanansaattajaksi."

(*Sahih al-Bukhari* 3445)

Sharia

Sharia tarkoittaa suomeksi käännettynä ihan vain lakia, mutta kun laista puhutaan tällä arabiankielisellä termillä, niin yleensä viitataan islamilaiseen lakiin. Islamin laki koostuu Koraanin ja *sunnan* määrittelemistä säädöksistä. Kuten aiemmin kävimme läpi, niin profeetta ﷺ tuli viimeisenä profeettana ilmoittamaan ihmisille viestin, joka käsittelee kaikki asiat, mitä he tulevat tarvitsemaan viimeiseen päivään saakka. Tämä tarkoittaa sitä, että tämä viimeinen ilmoitus oikeasti sisältää myös kaikki tarvittavat ohjeet ja raamit ihmisen elämän eri osa-alueisiin sekä myös yhteisön ja jopa valtion asioihin liittyen.

Jokaisen maan lakia opiskelevat lakimiehet ja islamin laki ei eroa siinä, että lakia opiskelevat ammattilaiset ja siihen syventyvät oppineet. On yhteisölle pakollista, että edes joku syventyy lakiin ammattimaisesti ja kouluttaa itsensä sen ammattilaiseksi, joka osaa sitä suojella, jakaa eteenpäin, toimia tuomarina ja laittaa käytäntöön lakeja oikeiden ajankohtien tullessa, mikäli siihen on auktoriteettia.

Tavallinen muslimi ei tiedä, eikä hänen ole edes islamin mukaan pakollista tietää ihan kaikkia islamin säädöksiä, mitä tulee esimerkiksi yhteisöön ja valtioon liittyviin aiheisiin. Näitä ei voi tavallinen lukija edes väittää hahmottavansa ilman pitkää opiskeluhistoriaa ja on väärin hypätä johtopäätöksiin lukemalla vain tekstipätkiä tai käännöksiä tietämättä niiden taustaa, aiheiden kontekstia tai kokonaisuutta. *Sharian* opiskelussa on myös tärkeää muistaa, että islamin lähteisiin kuuluu Koraanin rinnalle *tafsiirit* ja *hadithien* rinnalle *sharhit*, jotka selittävät näiden kontekstia ja muodostavat kokonaisuuden. Myös erilaiset periaatteet ovat osa lakia, joita on juonnettu Koraanista ja *sunnasta* ammattilaisten toimesta.

Tavallisen muslimin on islamin laista ymmärrettävä asiat, jotka ovat yksilön pakollisia velvollisuuksia - ne asiat, jotka koskevat hänen elämäänsä, kuten lait liittyen hänen henkilökohtaiseen palvontaansa, hänen perheensä oikeuksiin ja lait liittyen kaupankäynnin säädöksiin, joissa hän on osallinen. Sen lisäksi tavallisen muslimin on ymmärrettävä vain se, että kyseessä on Kaikkitietävän, Kaikkivaltiaan, Oikeudenmukaisimman Luojan säätämä laki, jonka Hän on todellisuudessa säätänyt ihmiskunnan parhaaksi Viisaudellaan, kuten Hän sanoo:

إِنَّ رَبَّكَ عَلِيمٌ حَكِيمٌ

"Totisesti, Valtiaasi on Kaikkitietävä, Kaikkiviisas." (12:6)

Ja Hän sanoo:

أَلَيْسَ ٱللَّهُ بِأَحْكَمِ ٱلْحَٰكِمِينَ

"Eikö Allah olekin oikeudenmukaisin Tuomari?" (95:8)

Ja Hän sanoo:

وَمَا رَبُّكَ بِظَلَّٰمٍ لِّلْعَبِيدِ

"Ja Valtiaasi ei ole epäoikeudenmukainen palvelijoille." (41:46)

Islamin laki on säädetty meidän eduksemme, ei meitä vastaan. Se on säädetty viisaudella, johon ihmiskunta ei tule koskaan päätymään äänestämällä, mikä on mihinkin aikaan eri mielipiteiden mukaan oikein ja mikä väärin. Mielipiteet muuttuvat ja mielipiteillä ei aidosti ole vahvaa pohjaa puolustamaan sitä, miksi juuri jonkun ihmisen mielipide on oikein. Sen sijaan Kaikkitietävältä ja Oikeudenmukaisimmalta Luojalta - joka tietää ihmisiä paremmin mikä heille on parhaaksi - tuleva laki on ajattomasti luotettavasta lähteestä. Toisaalta, on myös huomioitava se, ettei jokainen muslimi eikä muslimimaa ole islamin lain eikä sen todellisuuden edustaja. Todellisuudessa islamin lakeja ei edes muslimilaissa yleensä laiteta käytäntöön ja jos joitakin lakeja laitetaan käytäntöön, niin ei ole oletus, että se tehtäisiin oikealla tavalla vain siksi, että maa on nimitykseltään muslimimaa. Ei siis pidä sekoittaa islamin tieteitä ihmisten tekoihin eikä tapoihin, ja sama pätee *shariaan* ja sen ymmärtämiseen.

Maallisten lakien sijaan islamin laki on ainutlaatuisen oikeudenmukainen ja ajaton laki, joka ohjaa yhteisön ja yksilön turvaan, yhteisön harmoniaan ja harmin sekä haitan poistamiseen. Sen säädökset ovat ihmiselle parhaaksi, ymmärrettäisiin sitä tai ei. Monen lain hyöty näkyy ihmisen elämässä ja edes jokin osa sen viisautta on oivallettu, mutta ihminen ei silti aina huomaa asioita, jotka ovat todellisuudessa hänelle hyväksi, kuten Allah sanoo:

وَعَسَىٰ أَن تَكْرَهُواْ شَيْـًٔا وَهُوَ خَيْرٌ لَّكُمْ وَعَسَىٰ أَن تُحِبُّواْ شَيْـًٔا وَهُوَ شَرٌّ لَّكُمْ وَٱللَّهُ يَعْلَمُ وَأَنتُمْ لَا تَعْلَمُونَ

"Ja kenties inhoatte asiaa, joka on teille hyväksi ja kenties rakastatte asiaa, joka on teille huonoksi. Ja Allah tietää sillä aikaa, kun te ette tiedä." (2:216)

Jotkut lait on säädetty yhteisön eduksi, sillä yleisen sallimisen haitta olisi suurempi kuin hyöty. Silti on muistettava, että sallittuja asioita on paljon enemmän kuin kiellettyjä, joita on loppupeleissä hyvin vähän, vaikka kiellot saattavat alkuun vaikuttaa määrältään suurelta. Todellisuudessa jokainen säädös suojelee pahalta ja tavoittelee hyötyjä. Islamin lain mukaan eletty elämä yksilöiden ja varsinkin yhteisöjen keskuudessa on harvinaista, mutta sen seuraaminen todellisuudessa johtaisi harmoniaan. Yksilölliset muslimit, jotka laittavat lakia käytäntöön omassa elämässään osaavat vahvistaa rauhan ja harmonian, mitä islam tuo heidän elämäänsä. Sillä on niin suuri vaikutus ihmisen onnellisuuteen, miten hän suhtautuu elämän haasteisiin ja koettelemuksiin ja missä tilassa hänen sydämensä loppupeleissä on muistessaan Allahia ja välttäessään maailman likaisia asioita, jotka ovat haitallisia sielulle. Jopa Allah sanoo:

أَلَا بِذِكْرِ ٱللَّهِ تَطْمَئِنُّ ٱلْقُلُوبُ

"Totisesti, Allahin muistamisesta sydämet löytävät tyytyväisyyttä." (13:28)

Ja Hän sanoo:

إِنَّ ٱلْإِنسَـٰنَ خُلِقَ هَلُوعًا

"Totisesti, ihminen luotiin ahdistuneeksi.

إِذَا مَسَّهُ ٱلشَّرُّ جَزُوعًا

Kun paha koskee häntä, hän on hermostunut

وَإِذَا مَسَّهُ ٱلْخَيْرُ مَنُوعًا

ja kun hyvä koskee häntä, niin hän on haluton päästämään irti,

إِلَّا ٱلْمُصَلِّينَ

paitsi nuo, jotka rukoilevat -

ٱلَّذِينَ هُمْ عَلَىٰ صَلَاتِهِمْ دَآئِمُونَ

jotka ovat säännöllisiä rukoustensa ylläpitämisessä

وَٱلَّذِينَ فِىٓ أَمْوَٰلِهِمْ حَقٌّ مَّعْلُومٌ

ja nuo, joiden omaisuudesta on tiedetty oikeus

لِّلسَّآئِلِ وَٱلْمَحْرُومِ

kerjäläiselle ja omaisuuden menettäneelle

وَٱلَّذِينَ يُصَدِّقُونَ بِيَوْمِ ٱلدِّينِ

sekä nuo, jotka uskovat tuomiopäivään

وَٱلَّذِينَ هُم مِّنْ عَذَابِ رَبِّهِم مُّشْفِقُونَ

ja nuo, jotka pelkäävät Valtiaansa (oikeudenmukaista) rangaistusta." (70:19-27)

Sharian mukaan toimiminen näkyy siis helpotuksena jopa yksilön elämässä ja hengellisessä hyvinvoinnissa, mikäli muslimi harjoittaa uskoaan oikein ja seuraa sen ohjeistuksia. Tämän lisäksi *sharia* ohjaa yhteisön harmoniaan, joka näkyy eri yhteisöä suojelevissa säädöksissä. Ibn al-Qayyim sanoi:

فَكُلُّ مَسْأَلَةٍ خَرَجَتْ عَنِ ٱلْعَدْلِ إِلَى ٱلْجَوْرِ وَعَنِ ٱلرَّحْمَةِ إِلَى ضِدِّهَا وَعَنِ ٱلْمَصْلَحَةِ إِلَى ٱلْمَفْسَدَةِ وَعَنِ ٱلْحِكْمَةِ إِلَى ٱلْعَبَثِ فَلَيْسَتْ مِنَ ٱلشَّرِيعَةِ وَإِنْ أُدْخِلَتْ فِيهَا بِٱلتَّأْوِيلِ

"Jokainen asia, joka hylkää oikeudenmukaisuuden sorron vuoksi, armon julmuuden vuoksi, hyödyn korruption vuoksi ja viisauden typeryyden vuoksi ei ole osa *shariaa*, vaikka se tuotaisiin siihen jollain tulkinnalla." (*I'laam al-muwaqqi'iin* 3/11)

109

Tämän hän sanoi ei pelkästään yleisenä tiedon jakamisena, mutta myös koskien laillisia rangaistuksia, joita moni ulkopuolinen saattaa tänä päivänä nähdä ankarana. Islamin laki nimittäin sisältää myös tietyille rikoksille tiettyjä rangaistuksia, mikäli tutkinnassa täyttyy tietyt nimetyt ehdot. Joitakin rangaistuksia voidaan sanoa ankaremmiksi kuin mitä tänä päivänä monessa maassa samoista teoista tuomitaan, mutta rangaistusten vakavuuden tavoitteena on estää rikollisia tekemästä niitä rikoksia. Tämä vähentää rikollisuutta, sillä rikollisuuden tekoja himoitsevia estää pelko ankaria rangaistuksia kohtaan. On jopa todettu tilastollisesti, että maissa, joissa ei noudateta *shariaa* tapahtuu enemmän esimerkiksi raiskauksia, sillä syyllinen saattaa päästä teostaan ilman mitään vakavaa rangaistusta. Maissa taas, joissa raiskauksesta tuomitaan *sharian* mukaisesti - joka voi siis olla jopa kuolemantuomio tilanteesta riippuen - ei tapahdu lähes kään yhtä paljon raiskaustapauksia. Tämä ja moni muu laki on yhteisön ja sen yksilöiden suojelemiseksi asetettu, kuten Allah sanoo:

وَلَكُمْ فِي الْقِصَاصِ حَيَاةٌ يَا أُولِي الْأَلْبَابِ لَعَلَّكُمْ تَتَّقُونَ

"Ja laillisissa rangaistuksissa on teille elämien pelastusta, oi ymmärryksen ihmiset, jotta olisistte hurskaita." (2:179)

Tavallinen muslimi ei ole kuitenkaan opiskellut ammatiltaan islamilaiseksi tuomariksi, joten hän ei ymmärtäisi lakien kokonaisuutta ja tuomioiden muodostumista. Tästä syystä on oikeastaan virhe jopa kysyä islamista kysymyksiä ihan jokaiselta tavalliselta muslimilta, jolla saattaa olla liikaa itsevarmuutta uskontonsa tietämisen suhteen. Moni ei esimerkiksi edes tiedä, että tuomion tekemiselle on tiettyjä ehtoja, kuten esimerkiksi osa rikoksista vaativat, että paikalla on ollut neljä todistajaa, jotta rangaistuksen saisi laillisesti laittaa käytäntöön. Lisäksi, esimerkiksi varasta ei tuomita ollenkaan, mikäli hän oli köyhä ja nälissään varastaessaan ruokaa ja pelkän epäilyksen perusteella ei ole sallittua tuomita. Laillisia rangaistuksia on jopa neuvottu välttämään, mikäli viattomuus tai inhimillinen tekosyy on mahdollista tapauksessa. Profeetta ﷺ neuvoi koskien aihetta:

ادْفَعُوا الْحُدُودَ مَا وَجَدْتُمْ لَهُ مَدْفَعًا

"Välttäkää laillisia rangaistuksia niin kauan, kun löydätte tekosyyn välttää niitä."
(*Sunan ibn Majah* 2545, *hasan* as-Suyutin mukaan)

Hän ﷺ myös sanoi:

ادْرَءُوا الْحُدُودَ عَنِ الْمُسْلِمِينَ مَا اسْتَطَعْتُمْ فَإِنْ كَانَ لَهُ مَخْرَجٌ فَخَلُّوا سَبِيلَهُ فَإِنَّ الْإِمَامَ أَنْ يُخْطِئَ فِي الْعَفْوِ خَيْرٌ مِنْ أَنْ يُخْطِئَ فِي الْعُقُوبَةِ

"Välttäkää laillisten rangaistuksien käytäntöönpanoa muslimien ylle, jos se on mahdollista. Jos rikollisella on tie ulos, jättäkää hänet tielleen. Totisesti, se on parempi, että johtaja tekee virheen armahtaen rikollisen kuin se, että hän tekee virheen rangaisten viatonta." (*Sunan at-Tirmidhi* 1424, *sahih* as-Sujuutin mukaan)

Islamin oppinut as-Suyuti sanoi:

القاعدة (في الفقه) الحدود تسقط بالشبهات

"Periaate (laissa) on, että laillinen rangaistus hylätään, jos löytyy epäilystä (eli jos yhtään epäillään, että hän voi olla syytön)." (Al-Ashbaah wal-nazaa'ir 2/122)

Ibn Taymiyyah sanoi:

فَإِنَّ بَابَ الْإِحْسَانِ إِلَى النَّاسِ وَالْعَفْوِ عَنْهُمْ مُقَدَّمٌ عَلَى بَابِ الْإِسَاءَةِ وَالِانْتِقَام

"Totisesti, hyväntahtoisuuden ja anteeksiannon ovi ihmisiä kohtaan ottaa etusijan koston ja sanktion suhteen." (Minhaj as-sunnah 4/327)

Nämä kaikki tuovat esille, että tavallinen muslimi ei kykene tuomitsemaan vähäisellä tiedollaan ja ammattitaidon puutteellaan sharian mukaisesti, eikä hänen ole edes sallittua tehdä tätä eikä varsinkaan laittaa laillisia rangaistuksia käytäntöön. Tästä oppineet ovat yksimielisiä, sillä mikäli kouluttamattomat lain tulkitsijat alkaisivat leikkimään laillisia tuomareita, niin maan päällä tapahtuisi vain sekasortoa, eikä sharian tavoittelemaa harmoniaa. Ibn Muflih sanoi:

تَحْرُمُ إِقَامَةُ حَدٍّ إِلَّا لِإِمَامٍ أَوْ نَائِبِهِ

"On kiellettyä toteuttaa laillisia rangaistuksia, ellei sen tee (laillinen) johtaja tai hänen nimeämä sijaisensa." (Al-Furuu' wa tashiih al-furuu' 10/29)

Myös muut islamin lain oppineet sanovat:

اتَّفَقَ الْفُقَهَاءُ عَلَى أَنَّهُ لَا يُقِيمُ الْحَدَّ إِلا الإمام أَوْ نَائِبُهُ وَذَلِكَ لِمَصْلَحَةِ الْعِبَادِ وَهِيَ صِيَانَةُ أَنْفُسِهِمْ وَأَمْوَالِهِمْ وَأَعْرَاضِهِمْ

"Juristit tulivat yksimielisyyteen siinä, että laillisia rangaistuksia ei tule laittaa käytäntöön, paitsi johtajan tai hänen sijaisensa. Se on palvelijoille parhaaksi ja se suojelee heidän elämiään, heidän omaisuuksiaan ja heidän kunnioitaan." (Al-Mawsuu'at al-fiqhiiyah al-kuwaytiiyah 17/144)

Jopa ei-islamilaista valtiota ja johtajaa on sen alla asuvien muslimien pakollista totella niin kauan, kun heitä ei käsketä suorittamaan syntiä eikä luopumaan uskonnoistaan. Toisin sanoen, esimerkiksi Suomessa muslimien on pakollista noudattaa Suomen lakia ja lain rikkominen aiheuttaisi korruptiota, johon Allah ei ole tyytyväinen. Allah sanoi:

يَـٰٓأَيُّهَا ٱلَّذِينَ ءَامَنُوٓاْ أَطِيعُواْ ٱللَّهَ وَأَطِيعُواْ ٱلرَّسُولَ وَأُوْلِى ٱلْأَمْرِ مِنكُمْ

"Oi te, jotka uskotte, totelkaa Allahia ja totelkaa sanansaattaja ja (sitten) niitä, joilla on auktoriteetti teidän yllänne." (4:59)

Profeetta ﷺ sanoi:

السَّمْعُ وَالطَّاعَةُ حَقٌّ مَا لَمْ يُؤْمَرْ بِالْمَعْصِيَةِ فَإِذَا أُمِرَ بِمَعْصِيَةٍ فَلَا سَمْعَ وَلَا طَاعَةَ

"Johtajan kuunteleminen ja noudattaminen on pakollista muslimille, tykkäisi hän siitä tai ei, kunhan häntä ei määrätä olemaan tottelematon Allahille. Jos häntä käsketään olemaan tottelematon Allahia kohtaan, niin ei ole (silloin tämän johtajan) kuuntelemista eikä noudattamista." (Sahih al-Bukhari 2796)

Sharian tavoite on siis epäilemättä harmonia ja pahuuden poistaminen ja vähentäminen. Allahin sanansaattaja ﷺ ohjasi ihmiskuntaa sanoen:

لَا ضَرَرَ وَلَا ضِرَارَ مَنْ ضَارَّ ضَرَّهُ اللَّهُ وَمَنْ شَاقَّ شَقَّ اللَّهُ عَلَيْهِ

"Älä aiheuta harmia, äläkä vastaa harmilla. Kuka ikinä tekee harmia muille, Allah tulee tekemään harmia hänelle. Kuka ikinä on ankara muiden kanssa, Allah tulee olemaan ankara hänen kanssaan." (As-Sunan al-kubraa 11070, *hasan* al-Albaanin mukaan)

Tämän pohjalta islamin juristit ovat laatineen yhden viidestä islamin lain keskeisimmistä periaatteista, joka on:

الضَّرَر يُزَال

"Harmi tulisi poistaa." (Al-Ashbaah wal-Naza'ir 1/7)

Tämä kuvailee *sharian* todellisuutta kauniisti sen lisäksi, että se määrää kaikissa tilanteissa oikeudenmukaisuuteen, kuten Allah sanoo:

اعْدِلُواْ

"Olkaa oikeudenmukaisia." (5:8)

Oikeudenmukaisuutta tulisi kohdistaa kaikkea luomakuntaa kohtaan. Ei ole edes väliä mitä uskontoa ihmiset seuraavat - silti heitä kohtaan määrättään olemaan oikeudenmukaisia ja hyviä. Jokainen ihminen on kuitenkin Allahin luomus ja jokainen ihminen on johdatuksen tarpeessa. Ketään kohtaan ei pitäisi menettää toivoa, eikä olla epäoikeudenmukainen. Profeettakin ﷺ sanoi:

فِي كُلِّ كَبِدٍ رَطْبَةٍ أَجْرٌ

"Jokaisessa elävässä olennossa on hyväntekeväisyyden mahdollisuus." (Sahih al-Bukhari 5663)

Sen lisäksi hän 🕌 opetti meille *sharian* mukaisen tärkeän periaatteen sanoen:

لَا تَأْتِي إِلَى النَّاسِ إِلَّا مَا تُحِبُّ أَنْ يُؤْتَى إِلَيْكَ

"Älä kohtele ihmisiä paitsi, miten rakastaisit heidän kohtelevan sinua." (*Musnad Ahmad* 16220, *sahih* al-Albanin mukaan)

Jokaisen muslimin tulisi siis harkita tekojaan ja käytöstään Allahin luomakuntaa kohtaan. Allah ei anna automaattisesti menestystä ihmisille vain siksi, että he ovat muslimeita varsinkaan, jos he eivät harjoita uskontoaan eivätkä opiskele sen aitoja opetuksia.

Islamin suuri oppinut Ibn Taymiyyah jopa sanoi:

اللَّهُ يَنْصُرُ الدَّوْلَةَ الْعَادِلَةَ وَإِنْ كَانَتْ كَافِرَةً وَلَا يَنْصُرُ الدَّوْلَةَ الظَّالِمَةَ وَإِنْ كَانَتْ مُؤْمِنَةً

"Allah tulee tukemaan oikeudenmukaista valtiota, vaikka epäuskovaiset johtaisivat sitä, mutta Hän ei tule tukemaan alistavaa valtiota, vaikka sitä johtaisi uskovaiset." (*Majmu' Fataawaa* 28/63)

Vaikka tämä lausunto koskeekin mahdollisesti joitakin valtioita - vaikka toisaalta on muistettava, että Allah tekee mitä Hän tahtoo - niin huomaamme silti, että myös yksityiselämämme aito menestys on riippuvainen siitä, että Allah siunaa meitä. Joten miksi emme seuraisi Hänen virheetöntä lakiaan, joka on todellisuudessa meille parhaaksi, oikeudenmukaisin, meitä suojeleva kaikissa sen säädöksissä, hyvään ohjaava ja pahaa kieltävä?

Sukupuolten välinen tasa-arvo

Yksi suurimmista islamin lakiin liittyvistä väärinymmärryksistä on naisen asema ja oletus, että naisia kohdeltaisiin islamissa huonosti, vaikka profeetta ﷺ selkeästi sanoi:

وَخِيَارُكُمْ خِيَارُكُمْ لِنِسَائِهِمْ خُلُقًا

"Ja parhaat teistä ovat nuo, jotka ovat parhaita teidän naisillenne." (*Sunan at-Tirmidhii* 1162, *sahih* at-Tirmidhin mukaan)

Islamissa siis kerrassaan rohkaistaan kohtelemaan naisia erinomaisesti ja aidosti uskonnollisesti kouluttautuneessa ja harjoittavassa perheessä elävä musliminainen rakastaa, miten häntä kohdellaan islamissa. Eihän hänen tarvitse *sharian* mukaan edes käydä töissä ja jos hän silti haluaa ja saa palkkaa, niin silti miesten on elätettävä hänet ja hänen oma palkkansa on vain ylimääräistä taskurahaa, joka ei kuulu miehelle. Miehen on myös pakollista elää hänen kanssaan ystävällisyydessä, kuten Allah sanoo:

وَعَاشِرُوهُنَّ بِالْمَعْرُوفِ

"Ja eläkää heidän (naisten) kanssaan ystävällisyydessä." (4:19)

Islamissa avioliitonkin tavoite on, että kumpikin osapuoli saa tuntea rauhaa, kumppanuutta ja tyyneyttä toisesta, kuten Allah sanoo:

وَمِنْ ءَايَـٰتِهِۦٓ أَنْ خَلَقَ لَكُم مِّنْ أَنفُسِكُمْ أَزْوَٰجًا لِّتَسْكُنُوٓا۟ إِلَيْهَا وَجَعَلَ بَيْنَكُم مَّوَدَّةً وَرَحْمَةً ۚ إِنَّ فِى ذَٰلِكَ لَـَٔايَـٰتٍ لِّقَوْمٍ يَتَفَكَّرُونَ

"Ja Hänen merkeistään on, että Hän loi teistä puolisoja toisillenne, jotta löytäisitte tyyneyttä heistä ja Hän asetti väliinne läheisyyttä ja armoa. Totisesti, siinä on merkkejä ihmisille, jotka ajattelevat." (30:21)

Miten muuten aihetta voisi siis edes ymmärtää kuin ohjauksena kohdella naisia hyvin ja tavalla, joka on alistuksen vastakohtaa?
Toisaalta osa tietämättömistä vain haluavat puskea negatiivista näkemystään islamista ja muslimeista ilman mitään halua edes ymmärtää opetuksien todellisuutta.
Todellisuudessa aihe on yllättävän yksinkertaista ymmärtää varsinkin, kun henkilö opiskelee islamia oikein ja on ymmärtänyt *sharian* oikeat tavoitteet, joista suurin on oikeudenmukaisuus. Islamissa nimittäin tunnistetaan naisen ja miehen erilaisuus ja tätä pidetään islamilaisesta näkökulmasta tasa-arvona ja oikeudenmukaisuutena.
Voimme jokseenkin verrata islamin näkökulmaa sen säännöissä, jotka ovat miehille ja naisille erilaisia siihen, että esimerkiksi miesten ja naisten laittaminen samoihin urheilukisoihin ei olisi tasa-arvoa eikä oikeudenmukaisuutta. Erilainen kohtelu ja eri säännöt ja ohjeet eivät siis tarkoita, että toinen olisi alempiarvoinen. Edellisessä kappaleessa opimme, että *sharian* tavoite on oikeudenmukaisuus. Tämä pätee myös

naisiin ja miehiin. Naisilla on erilaisia tarpeita kuin miehillä ja nainen on fyysisesti erilainen kuin mies. Naisen ja miehen biologia on myös täysin erilainen - jopa aivotoiminta ja halut eroavat tutkitusti toisistaan. Näitä kaikkia asioita huomioiden ja suojellen islam asettaa erilaiset säännöt naisille ja miehille. Esimerkiksi naisia on määrätty peittämään enemmän kehostaan kuin miehiä ja tämä on naisten kunnian, siveyden ja yleisenä etuna myös turvallisuuden suojelemista. Tätä ei ole vaikeaa ymmärtää, kun katsomme miesten ja naisten biologisia eroja, vaikka ihan kaikkea miehistä ei naisille aina opeteta. Naisten on esimerkiksi tavallisesti hankalampi ymmärtää, miksi jopa ei-muslimimiehet ovat sitä mieltä, että nainen ja mies ei voi aidosti olla vain ystäviä. Naisen on myös hankalampaa ymmärtää miesten seksuaalisten halujen luonteen eroa verrattuna naisten seksuaalisten halujen luonteeseen ja miten miehet näkevät ja jopa katselevat sivusilmin naisten kehon eri osia täysin eri tavalla kuin naiset miehiä. Jopa kaupallisissa mainoksissa näemme enimmäkseen naisten kauneutta ja kehonosia seksualisoituan tuotteiden mainonnan tueksi asiakkaiden houkuttelussa. Tälle on syynsä, eikä syystäkään esimerkiksi miesten karvaisia jalkoja haluta käyttää houkutuksena saada asiakkaita ostamaan tuotteita, mutta asia on taas eri mitä tulee naisiin. Vaikka näitä asioita olisi alkuun hankalaa ymmärtää, niin silti kukaan ei voi kieltää miesten ja naisten biologista eroa.

Muutkin islamin mukaiset säädökset sukupuoliin liittyen, kuten sekakokoontumisen kielto - paitsi tiettyjen perheenjäsenten kesken - suojelee yhteisöä ja perheitä rikkoutumiselta ja toimii turvana sekä naisille että miehille. Jokainen pystyy oivaltamaan näistäkin säädöksistä hyötyjä ja kaikki muutkin säädökset liittyen miehiin ja naisiin on säädetty vain heidän parhaakseen. Uskonnossa ei ole mitään todistetta sille, että nainen ja mies olisivat eriarvoisia Allahin edessä. Sen sijaan Allahin edessä arvokkaampi on hän, joka on tietoisempi Jumalasta ja toimii tämän seurauksena tavalla, johon Allah on tyytyväinen tehden maailmassa hyvää. Monikin hurskas nainen voi siis olla montaakin miestä arvokkaampi Allahin edessä. Ihmisen arvokkuuteen Allahin edessä ei vaikuta henkilön tausta, kansalaisuus, kieli eikä sukupuoli. Allah sanoo:

يَا أَيُّهَا النَّاسُ إِنَّا خَلَقْنَاكُم مِّن ذَكَرٍ وَأُنثَىٰ وَجَعَلْنَاكُمْ شُعُوبًا وَقَبَائِلَ لِتَعَارَفُوا ۚ إِنَّ أَكْرَمَكُمْ عِندَ اللَّهِ أَتْقَاكُمْ

"Oi ihmiset, Me olemme luoneet teidät miehestä ja naisesta ja tehneet teistä heimoja ja kansoja, jotta tuntisitte toisenne. Totisesti, kunnioitetuimmat teistä Allahin luona ovat ne teistä, jotka ovat hurskaimpia (joilla on eniten tietoisuutta Allahia kohtaan)." (49:13)

Tässäkin aiheessa on muistettava:

إِنَّ رَبَّكَ عَلِيمٌ حَكِيمٌ

"Totisesti Valtiaasi on Kaikkitietävä, Viisain." (12:6)

Miesten ja naisten sama asema Allahin palvelijoina näkyy myös siinä, että mies ja
nainen saavat saman verran palkkiota hyvistä teoistaan, kuten Allah sanoo:

إِنَّ الْمُسْلِمِينَ وَالْمُسْلِمَاتِ وَالْمُؤْمِنِينَ وَالْمُؤْمِنَاتِ وَالْقَانِتِينَ وَالْقَانِتَاتِ وَالصَّادِقِينَ وَالصَّادِقَاتِ وَالصَّابِرِينَ
وَالصَّابِرَاتِ وَالْخَاشِعِينَ وَالْخَاشِعَاتِ وَالْمُتَصَدِّقِينَ وَالْمُتَصَدِّقَاتِ وَالصَّائِمِينَ وَالصَّائِمَاتِ وَالْحَافِظِينَ فُرُوجَهُمْ
وَالْحَافِظَاتِ وَالذَّاكِرِينَ اللَّهَ كَثِيرًا وَالذَّاكِرَاتِ أَعَدَّ اللَّهُ لَهُم مَّغْفِرَةً وَأَجْرًا عَظِيمًا

"Totisesti muslimimiehille ja musliminaisille, uskoville miehille ja uskoville naisille,
tottelevaisille miehille ja tottelevaisille naisille, totuudenmukaisille miehille ja
totuudenmukaisille naisille, kärsivällisille miehille ja kärsivällisille naisille, nöyrille
miehille ja nöyrille naisille, hyväntekeväisyyttä maksaville miehille ja
hyväntekeväisyyttä maksaville naisille, paastoaville miehille ja paastoaville naisille,
siveille miehille ja siveille naisille, miehille, jotka muistavat Allahia useasti ja
naisille, jotka muistavat Allahia useasti - heille Allah on valmistanut anteeksiantoa
ja suuren palkkion." (33:35)

Kuitenkin, kilpailun sijaan mies ja nainen on luotu toisilleen kumppaneiksi, kuten
Allah sanoo:

وَالْمُؤْمِنُونَ وَالْمُؤْمِنَاتُ بَعْضُهُمْ أَوْلِيَاءُ بَعْضٍ

"Uskovaiset miehet ja naiset ovat liittolaisia toisilleen." (9:71)

Ja Hän sanoo aviopuolisoista:

وَخَلَقْنَاكُمْ أَزْوَاجًا

"Ja Me loimme teidät pareiksi." (78:8)

Miesten ja naisten vastakkainasettelu ei siis kuulu islamiin. Sen sijaan jokainen
säädös, vaikka miesten ja naisten säännöt ovat erilaisia, on kummankin hyväksi ja
eduksi aivan kuin kaikki muutkin islamin lait. Musliminaisen asema on jopa monella
tapaa parempi kuin ei-musliminaisen asema, sillä musliminaista kohtaan on erillisiä
määräyksiä kohdella häntä hyvin ja hänellä on enemmän oikeuksia esimerkiksi
taloudellisesti kuin muilla naisilla. Harjoittava musliminainen ei ole myöskään muodin
eikä kauneusihanteiden kahleissa ja paineissa, vaan hän on yhteisössään arvostettu
ihmisenä ja sillä on enemmän väliä, mitä hänen suustaan tulee ulos kuin sillä, miltä
hän tai hänen kehonsa näyttää. Monella muulla tavalla musliminaisella on korkea
asema islamissa ja stereotypia musliminaisista, jotka tarvitsevat länsimaalaista
ajattelumaailmaa pelastamaan heidät on kaukana todellisuudesta ja siitä, mitä järkevät,
vahvat, kunnialliset ja uskontoaan rakastavat musliminaiset haluavat.

Neuvoja uudelle ja vasta-alkavalle muslimille

Uuden muslimin tai juuri uskontonsa harjoittamista aloittavan muslimin alku on aina jännittävää ja joskus paineita saattaa tuntea paljon. Alkuun saattaa tuntea olevansa jonkin verran hukassa ja jokainen kohtaa polullaan välillä yksinäisyyden tunteita. Muista kuitenkin vaikeina aikoin aina Häntä, jolle päätit antautua muslimina. Hae voimaa Hänen puoleensa kääntymisestä - Allah kuitenkin kontrolloi kaikkia asioita!

Koska islamiin palaaminen ei vaadi muuta kuin sen, että henkilö vahvistaa Jumalan ykseyden, on valmis antautumaan Hänelle ja hyväksymään Muhammadin ﷺ viimeisenä profeettana, jota pyrkii nyt seuraamaan, niin liikaa paineita ei tarvitse ottaa tiedon opiskelun suhteen. Usein alkuun tulee riittämättömyyden tunnetta, jolloin miettii, että heti pitäisi tietää jo niin paljon asioita. Uskonnon opiskelu on tärkeää, mutta kaikkea ei tarvitse heti tietää. Asioiden kanssa on hyvä edetä tärkeysjärjestyksessä ja kestävästi, eikä niin suurella vauhdilla, että pian löytää itsensä uupuneena. Laatu on kuitenkin tärkeämpi kuin määrä. Ensisijaisesti on hyvä keskittyä rukoilemiseen ja sen opiskelemiseen ja pikkuhiljaa opetella muita pakollisia asioita ja ajan kanssa siirtyä vapaaehtoisten asioiden opiskelemiseen.

Oman tietämättömyyden myöntämisen taitoa tarvitsee jopa pitkään muslimina olleet. Islam on itsessään helppoa, mutta silti se sisältää paljon eri tieteenaloja, joita ei ole edes pakollista jokaisen muslimin opiskella, ainakaan syvällisesti. Parasta on tavoitella opiskelemaan jostain luotettavasta lähteestä säännöllisesti, jos tähän löytää jonkun opettajan, jolla on valmiiksi suunniteltu ohjelma aloittelijalle. Islaminuskon nettisivuja (www.islaminusko.fi) kannattaa hyödyntää ja tutkia. Jopa ilmaisia kirjoja ja opiskelupaikkoja löytyy sieltä linkattuna.

Muista myös, että uskonto ei ole vaikeaa, mutta suurin vihollisesi on paholainen ja Allah tulee testaamaan jokaista muslimia. Yritä pysyä vahvana ja seuraa huonoa tekoa hyvällä teolla, joka pyyhkii sen pois. Tee katumuksesta ja Allahia muistelevien lausuntojen lausumisesta säännöllinen tapa. Usko (*iimaan*) menee jokaisella muslimilla ylös ja välillä alas, mutta tiedä, että hyvät teot nostavat sitä ja synti laskee sitä. Yritä suorittaa mielummin pieniä hyviä tekoja jatkuvasti kuin paljon kaikkea, mikä kuitenkin jää myöhemmin suorittamatta. Keskity ensisijaisesti pakollisiin velvollisuuksiin, Allahin tuntemiseen ja tiedon opiskelijan etikettien opiskelemiseen. Opiskele asioiden perusteita ennen syventymistä, sillä väärä järjestys opiskelussa voi olla haitallista omalle uskolle ja vahvojen juurien rakentamiselle.

Yritä olla välittämättä siitä, mitä ihmiset sinusta ajattelevat, vaan aseta etusijalle Allahin tyytyväisyys. On ihan okei, vaikka joku ei pitäisi uskonnostasi, jota seuraat. Ihmisten tyytyväisyyden tavoitteleminen on mahdotonta ja kaikkia ei voi saada tyytyväiseksi. Reagoi negatiivisuuteen kuitenkin rauhalla ja jalolla käytöksellä. Hyvät käytöstavat ovat islamissa muslimin tärkeimmistä tavoitteista. Sinä et kontrolloi muiden käytöstä, mutta kontrolloit omaasi ja sitä, minkälainen ihminen sinä olet ja miten vastaat muiden käytökseen. Ole rohkeasti muslimi ja muista, ettet ole yksin. Myös profeettoja (rauhaa heille) koeteltiin.

Pelkää ylimielisyyttä ja sydämen hengellisiä sairauksia. Pysy nöyränä ja yritä olla tekemättä mitään vääryyttä muita kohtaan. Ole mielummin ensimmäinen, joka pyytää anteeksi ja ole valmis kehittämään itseäsi Allahin vuoksi. Opi virheistäsi, mutta älä lyttää itseäsi liiallisesti äläkä takerru menneisyyden virheisiin, joita olet jo katunut.

Yritä verkostoitua yhteisösi muslimeihin, jotka harjoittavat uskontoa ja ymmärtävät sen oikeat lähteet. Pyri aina huoneeseen, jossa on ihmisiä, joilla on enemmän tietoa kuin sinulla. Ole kuitekin varovainen keneltä otat tietoa ja kehen luotat. Älä luota kaikkeen, mitä muslimit sanovat, vaan ole lähdekriittinen, mutta nöyrä.

Muista, että muslimit ovat virheellisiä, mutta islam ei. Valikoi seurasi tarkasti, sillä seura vaikuttaa sinuun enemmän kuin melkein mikään muu.

Poista kaikki ympärilläsi olevat syntiset houkutukset ja rakenna ympäristöstäsi islamilainen. Jopa asiat, mitä somessa seuraat ovat osa ympäristöä, joka vaikuttaa sinuun suuresti.

Vältä suuria syntejä, muttä älä kuitenkaan väheksy pienten syntien vaarallisuutta. Pohdi realistisesti prioriteettejasi ja varo, ettet huomaamattomasti palvo asioita tai ihmisten tyytyväisyyttä, maallista elämää tai halujasi.

Paasto auttaa Allahia kohtaan tunnetun tietoisuuden kasvattamisessa. Vapaaehtoisia paastoja kannattaa siis harjoittaa.

Muistele kuolemaa usein ja sitä, että haudassa jokainen tulee olemaan yksin. Muista, että kaikki hyvät teot ovat loppupeleissä itsemme parhaaksi. Älä nauti positiivisesta huomiosta, äläkä tee hyviä tekoja, jotta ihmiset kehuisivat sinua. Korjaa jatkuvasti aikomustasi, jotta tekisit hyvät teot puhtaasti vain Allahin vuoksi. Pyri tekemään työtä hyvän eteen ja välttämään ajan tuhlaamista.

Varmista, että elantosi tulee sallitusta lähteestä, jotta Allah siunaisi sen sinulle. Aseta luottamuksesi Allahiin ja tee oma osuutesi asioiden eteen.

Opettele reagoimaan kohtaloon islamin mukaisesti äläkä vaivu epätoivoon. Yritä opiskella arabiankielisen Koraanin lukemista ja yritä ylläpitää suhdetta sen resitoimiseen, vaikka et ymmärtäisi kieltä. Opiskele sen merkitystä sen ohella, että resitoit Allahin sanaa arabiaksi.

Yritä pitää itsesi poissa kaikesta, mikä aiheuttaa sinulle huolta, murhetta ja surua, jotta voisit aina olla rentoutunut ja avosydäminen, antautuen täysin Allahille.

Älä unohda seuraavia pyyntörukouksia, joiden avulla pyydät johdatusta oikealle tielle:

اللّهُمَّ يَا مُقَلِّبَ الْقُلُوبِ، ثَبِّتْ قَلْبِي عَلَى دِينِكَ

Allahumma, jää Muqallibä-l-quluub thäbbit qalbii 'älää diinik

"Oi Allah, oi sydänten kääntäjä, vahvista sydämeni uskontoosi."

(*Al-Adab al-mufrad* 683, *sahih* al-Albaanin mukaan)

اللّهُمَّ أَرِنِي الْحَقَّ حَقًّا وَوَفِّقْنِي لِاتِّبَاعِهِ وَأَرِنِي الْبَاطِلَ بَاطِلًا وَوَفِّقْنِي لِاجْتِنَابِهِ

Allahumma arini-l-haqqa haqqan wäwäffäqnii li-ttibää'ihi wäarini-l-baatilä baatilän wäwäffiqnii ligtinääbih

"Oi Allah, näytä minulle totuus totuutena ja johdata minua seuraamaan sitä. Näytä minulle väärä vääränä ja johdata minua välttämään sitä."

(*Sharh al-Muntahaa al-iraadaat* 3/497)

Allah johdattakoon meitä kaikkia ja suokoon Hän meille menestystä polulla, jonka määränpää on Hänen luokseen palaaminen.

ٱلَّذِى خَلَقَ ٱلْمَوْتَ وَٱلْحَيَوٰةَ لِيَبْلُوَكُمْ أَيُّكُمْ أَحْسَنُ عَمَلًا

*"Hän, joka loi elämän ja kuoleman testaakseen ketkä teistä
ovat parhaita (hurskaissa ja vilpittömissä) teoissa."* (67:2)